바람의 말

바람의 말

박주혁 詩集

도서출판 명성서림

시인의 말

  2011년 『물의 노래』, 『상실! 그 아픈 흔적』 두 권의 시집을 발간한 이후 4년 만에 시집을 발간하게 되었습니다. 제게 시를 쓰는 일은 '가난한 자의 노래' 같은 것입니다. 그 가난은 물질적인 결핍은 물론 채워지지 않는 내면의 근원적 갈증이기도 합니다. 그래서 음정 박자가 다 틀린 노래라도 부르지 않으면 못 견딜 것 같은 간절함으로 부른 노래입니다.

  이번에 발간하는 시집 『바람의 말』은 총 4부로 구성되어 있습니다. 1부에서는 「바람과 그리움」이란 주제로 지나간 삶에서 느꼈던 회한과 아픔, 바람, 그리고 여전히 가슴에 소중한 대상으로 간직하고 있는 것에 대한 향수를 노래하고,

    2부에서는 「빛과 그늘」이라는 주제로 시대·지역 등 시·공간 안에서 스쳐 지나간 잔영들을 되새기는 과정에서 요즘의 어두운 정치적 현실을 불러오기도 했습니다. 3부에서는 「길과 변화」란 주제로 특히 우리 겨레말인 배달말에 관련된 내용을 주로 담았고, 4부에서는 「꿈꾼다는 것」이란 주제로 시간을 거꾸로 돌려 어릴 때로 돌아가고 싶다는 원초적인 희망을 꾸밈없이 표현하고자 노력했습니다.

    을사년 올해 회갑을 맞는 제가 시인으로 등단한 후 네 번째 시집을 발간해 오기까지 지켜보아 주신 고마운 분들에게 이 자리를 빌려 머리 숙여 감사의 인사를 드립니다.

목차

1부 바람과 그리움

시인의 말	04
겨울의 끝에서	12
그리움 머무는 곳	13
골목 BJ에게	14
그리운 이름, 낙산	16
꽃비 내리는 봄날의 상념	18
나르치스 닮은 그대	19
내 마음 안에 부는 바람	20
달밤의 노래	22
동지	23
대산에서	24
목소리	26
바람 한 줄기와 꽃	27
사람아!	28
어떤 사내	30
설익은 밥	32
역사가 담긴 태백산 산행 길	33
우수雨水에 우수憂愁에 젖어	34
잡초	36
지워간다	37
캠핑 이야기	38
판운 섶다리	39
한계령을 듣노라면	40

2부 빛과 그늘

1월은	44
겨울 꽃 피어난다	45
관능의 시대 1	46
관능의 시대 2	48
깃발	49
낮과 밤	50
다짐	52
달의 미소	54
땡 윤 방송	56
밥	58
듣기평가 문제	59
불꽃	60
불타는 산	61
백두여! 분노하라	62
존재의 그늘	63
백마의 기수	64
섀클턴을 생각하다	66
침묵	68
탁류	69
화마 1	70
화마 2	71
히포크라테스의 초승달	72
한반도	74
그네타기	75

3부 길과 변화

고마움이 있어야 할 자리	78
그물 이야기	80
나무가 들려주는 이야기	82
말	83
말과 글의 집	84
말에 대하여 1	85
말에 대하여 2	86
바람의 말	87
문자폭탄	88
배달겨레말 슬기	90
배달말	92
배달말 익히는 휴지에 적힌 글	94
빗방울의 속삭임	96
살아가며 배운다	97
소리	98
숲	99
숲속	100
진눈깨비	102
찾아가는 길	104
튜닝	106
안내 글 바라보며	107
할 말과 못할 말	108

그리움 너머	112
나물	114
노을	115
누굴까	116
매화 꿈	117
미네르바 올빼미	118
밀알 하나고 싶다	120
순간	121
새해 아침 해맞이 행사	122
스프레차투라	124
아침 새소리	126
신인류의 노래 1	127
신인류의 노래 2	128
여름 짓다	130
움과 싹	132
웅크란다	134
인간의 굴레	135
제비 꿈	136
탐정의 시간	138
화촉 樺燭	140
좋은 생각	142
희망 한 줌 있다면	143

4부 꿈꾼다는 것

해설
근원적 존재의 불안에 말 걸기   146

1부

바람과 그리움

겨울의 끝에서

궂은비 축축하게 내리는
겨울이 지나는 계절 모퉁이에서
외투 깃을 세우며
우울한 샹송을 듣는다.

겨울의 끝 무렵이면
다가올 봄에 대한 기대로
마음 한결 가벼울 줄 알았는데
비에 젖은 옷을 입고 있는 듯 칙칙할까

지난날 돌아보면 잿빛 하늘 같다.
운명이 원망스러워 하늘만 쳐다본다.
꼬이고 꼬일 대로 험로만 걸었는데
더 이상 걸어갈 힘조차 느끼지 못한다.

그러나 어쩌랴.
다시 용기를 내어 삶의 길 걸어가자.
가시덤불 놓인 길 끝에
구원의 길 있을지 모르니

그리움 머무는 곳

누군가 보고 싶어도 볼 수 없을 때
미칠 것 같은 그리움이 바람 되어
함께 거닐던 오솔길을 찾아가고 싶다.
저수지 방죽 따라 오르던 고갯길

봄에는 철쭉, 여름에는 들꽃
가을에는 오색 단풍, 겨울에는 설경
아름다운 풍경이 사철 있던 곳
신평리 너머 새뭇줄로 향하는 고갯길

마음을 가다듬고 걷던 그곳
저수지에는 물고기 떼가
창공에는 두루미, 철새 떼가
산을 찾는 사람처럼 자유로웠다.

등대처럼 내 영혼 비추던 풍경은
보고 싶어도 더 이상 찾을 수가 없다.
찾아가고 싶을 때 찾아가지 않았던 탓일까?
산들에 가려진 무장리의 한마을 풍경처럼

골목 BJ에게

어떤 가수가 부른
골목길이란 노래를
방송 시작 경음악으로 깔고
방송을 시작하는 BJ여!
그대의 목소리는 그리운 중저음

어떤 건축가는 말했지.
그리운 골목길은 빈자의 미학이라고
빈한한 골목 안 어린 유년의 모습이 보인다.
구공탄 나르며 아랫목에 모여앉아 놀던
어린 날의 모습이 그려진다.

사라져가는 골목길 풍경을 재현하는
시인의 참소리에 귀를 연다.
삶의 주름이 펴져도 대체 불가한
추억 속 유년은 오래오래
질긴 목숨으로 부지할 것이다

골목길 모습 재현하며
그대 춥거든 중저음 목소리
맑게 빚어내어라.

쉼표를 찾으며 소리 내어라.
유년의 파라다이스였던 그곳에
유영하는 진객들이 환호할 것이다.

그리운 이름, 낙산

청량리역에서 꼭 세 정거장
동대문역에서 내렸지.
산꼭대기를 향해 걸음을 재촉했다.
시장으로 이어진 그 길을
무엇에라도 쫓기듯
촌뜨기의 어린 날 방황이었을까
생각할수록 그리움 가득하다.

숨찬 걸음이 이어진 곳은
낙산이라는 성벽 사이로 난 틈
조선왕조의 흔적이듯
오래된 거무튀튀한 성벽은
굳센 파수꾼 같았다.
통과하는 자 모두 고개 숙이라는 듯
작은 출입문은 나지막했다.

돌아보면 삶은 방랑이었다.
3학기의 세월을 그곳에서 보냈지.
큰누이에게 얹혀살던 그곳
입대와 전역, 학교 앞에서의 자취생활
출가를 생각했던 강남 모처

결혼과 처가살이로 보낸 성내동
구미, 충주 등 지방으로의 떠돌던 삶

공원으로 탈바꿈된 지 벌써 이십 년 넘었다지.
한번은 가보고 싶은 낙산이라 불렀던 곳
세월의 강 건너 청춘으로 돌아갈 수 있다면
아픔 없는 삶 꼭 살 수 있을 것 같은데
제일 가슴 아팠던 일은 아이들과의 헤어짐
왜 그렇게 헤매었을까?
풋풋한 청춘의 체취가 서린 그리운 이름, 낙산!

꽃비 내리는 봄날의 상념

벚꽃 흐드러지게 피어난 거리에 서서
꽃향기 맡노라면
사랑했던 삶의 이야기 하나 둘
떨어지는 꽃비처럼 하얗게 흩날리고
살아온 날들만큼 저만치 멀어진다.

기압골 따라
맑음과 흐림을 반복하는 날처럼
이제는 지나버린 잊지 못할 상념 하나 둘
똬리 튼 뱀처럼 고개를 들고
기억 저편에서 날름댄다.

개나리 진달래 산수유 벚꽃
각자의 색상을 자랑하는데
온몸으로 부는 바람맞은 나무처럼
지나온 삶 생각하면 할수록
끝없는 고독에 몸살 난다.

하지만 계절처럼 삶은 계속되는 것
흐린 날 지나면 투명한 거리 되듯
춥고 더운 날 지나면 온화한 날도 오듯
가슴에 여전히 푸른 희망과 소망 있어
어둠 뚫고 새날은 밝아 온다.

나르치스 닮은 그대

성자처럼 생각되는 사람 찾아
빗속을 뚫고 먼 길 달려왔습니다.
섬광처럼 빛나는 그대의 우정은
생명의 빛처럼 해맑습니다.
나그네 닮은 삶 속에 그대 있어
한줄기 위로를 받는답니다.

한 줌도 안 되는 삶의 이야기
그대에게 풀어내며
작은 위로받고 삶의 힘 얻습니다.
벗이여! 내리는 빗물처럼
우리 삶에 슬픔과 한이 내려앉아도
한 가닥 따뜻함 건넬 수 있는
변함없는 우정의 사람이 그립습니다.

나르치스* 닮은 그대여
빛나는 성자를 닮은 사람이여
언젠가 환한 미소로 그대와 마주할 수 있기를
두 손 모아 기도드립니다.

* 나르치스 : 헤르만 헤세의 소설 〈나르치스와 골드문트〉 속 주인공 이름

내 마음 안에 부는 바람

한 곳에 가만히 뿌리내리고 진득하게 서 있고 싶은데
불어오는 바람 탓에 자꾸만 휘청거리고 넘어졌다.
태풍이 지나간 후 정신을 차리면 낯선 곳이었다.
한자리에서 안정됨을 바라며 바람을 원망했다.
저 바람만 불지 않으면 난 흔들릴 일이 없을 것을

이리저리 불안하게 날아다니는 것을 반복하던 언젠가
운 좋게 바람이 불지 않는 비옥한 땅 위에 설 수 있었다.
이제 내가 그동안 바라던 대로
한 곳에서 안정적으로 서 있으면 되는 것이다.

하지만 그곳에서도 종종 흔들렸다.
바람이 불었나 싶어 고개를 돌려보면
어디에도 바람의 흔적은 보이질 않았다.

흐트러짐 없이
안정적으로 서 있는 이들 옆에서
혼자 휘청거리니
그 움직임은 크게 보였고
바람 탓을 할 수조차 없었다.

그제야 깨달았다.
나를 흔들었던 것은
밖에서 부는 바람이 아니라
내 마음 안에 부는 바람이었다는 것을

달밤의 노래

한밤중 하늘을 바라보니
호롱불 하나 허공에 걸려 있다
옛일을 생각하니 등잔불이 떠오른다.
까마득히 지난 세월의 강 저편
호롱불 아래에 앉아 있던
아이의 모습 그리움으로 비췬다.

시골 고향 초가집 한 채가
불현듯 떠오른다.
지붕 위에는 조롱박들 올망졸망하고
그 누가 그려 냈는지
달밤 속에 피어나는 풍경이
그림처럼 어여쁘다.

옛 시절 강물처럼 흘러
추억된 지 오래되었건만
그리움 지우지 못해
달밤의 노래처럼
허공을 헤매는 텅 빈 마음

동지

동지를 맞아
마음을 새롭게 한다.
지난 때를 벗고
새롭게 거듭나고자 하는 마음뿐
날리는 저 흰 눈처럼 새롭게
그저 새롭게

옛일에서 새로움을 찾고자
'노량! 죽음의 바다'라는 영화를 본다.
죽어 보아야 새로워질 수 있다기에
가장 깊은 밤을 보내야 새로운 날이 시작되기에
지금부터 어둠은 물러가리라
지금부터 새날은 시작되리라

지난 모든 잘못 참회하며
마음속으로라도 지은 죄 반성하며
모든 재앙 물러나기를 바란다.
팥죽 한 그릇 먹으며
간절한 기도와 함께
새롭게 태어날 것을 다짐해 본다.

대산에서

십수 년 전 활동하던
서울이라는 아주 낯선 곳
그곳 일대에 살고 있다는 동문들
모임 연다는 소식 반가워
한걸음에 달려간다.

도착하는 내내
지울 수 없었던 것은
세월을 강물처럼 흘러보낸 뒤에야
서울 갔다 고향으로 돌아온 인생길이
춥고 외로운 길이었다는 사실

대산이라는 휴양마을에서
하룻밤 그물 던져 고기를 낚고
밤하늘 총총한 별들과 상현달 바라보았지.
술잔 속에 삶의 이야기 담으며
밤새 이야기꽃 피웠다.

삶에서 깨달은 지혜 발휘하며
매운탕도 분위기도 모두 다 즐긴다.
사진에 순간의 모습 간직하며

화창한 날씨처럼 활짝 갠 날
우리 곁에 어서 다가오기를 바란다.

선후배 우애의 서사시
희망의 싹으로 움튼다.
꽃으로 피어날 것을 예감하며

목소리

목소리에는 물길이 보인다.
자연스럽게 흘러가는 물길도
소용돌이처럼 휘도는 물길도
여러 겹의 물길도 떠오른다.

목소리를 생각하면
지문처럼 물결이 그려진다.
어떤 목소리는 동그라미
어떤 목소리는 뾰족한 가시 모양
삼각형 네모 마름모도 그려진다.

마음이란 현미경으로
목소리의 색채를 관찰해보면
하나의 색채가 선명하게
둘 이상의 색채가 혼합된 듯
무지개처럼 다양하다.

하트모양으로 그려지는
사랑을 가득 담은
정겹고 아름다운 목소리는
그리움 가득 남는다.

바람 한 줄기와 꽃

바람 한 줄기
대추나무 잎 새 흔들더니
오동나무에게 안녕이라 인사하고
단풍나무에게 앉았다가
화살나무와 반갑게 인사 나눈다.

바람 한 줄기
감나무랑 도란도란 얘기하더니
뽕나무 곁에 사뿐 내려앉아
오늘은 재 너머
밤나무한테 가는 길이라고 한다.

바람 한 줄기 지나갈 때
꽃이 핀다.
꽃은 사람들 마음마다 곱게 스며들고
사람들 가슴에는
노래가 흐른다.

바람이 손짓할 때
행복의 미소가 피어난다.

사람아!

죽음은 모든 관계를 소멸하는
힘이 있다고 하지만
관계라는 인연을 벗어나지 못하는
살아있는 우리들에게
죽음만큼 슬픈 일이 무엇일까

사랑하는 사람을 떠나보낸 사람아!

황망함에 앞서
어떠한 말이나 글로도 위로할 수 없음에
그저 말 없는 안타까운 바라봄으로
위로를 전하노니
모든 인간사 시작이 있으면 끝이 있는 것

사랑함의 지극함이 클수록
시간의 흐름은 얼마나 필요할까
우리 아픈 모든 일
세월이 치유해 줄 것이네

바람이 몰아치는 가슴에
지울 수 없는 멍울 안고

고독한 길 걸어가야 하는
사랑하는 그대에게 오직 바라는 것
그대 부디 너무 많이 아파하지 않기를

어떤 사내

꿈같은 하룻밤 인연 맺은 사내!
애인을 일본에 홀로 두고 헤어진 지 한 달되어
너무도 가슴 아프다는
꽁지머리에 선한 눈망울 소유자
동갑내기인 그를 만나 하룻밤 함께 보냈다네.

아! 하루가 지나 생각해 보니 참 야릇한 일
같은 아파트 위층에 산다며 한밤중 자기 집으로 가자 했지.
옷을 갈아입으라며 처음 만난 사람에게 자기 옷을 아낌없이 건네며
시인과는 달리 결혼이라는 울타리에 한 번도 갇혀 본 적 없었다 했지.

문 연 곳 하나 없는 새벽녘
술 한잔하자며 물레방아 거리, 학성동 일대 헤매다가
끌고 간 주점에서 노래도 부르고 술 몇 잔 걸쳤다네.
돈 한 푼 없는 시인에게 아낌없이 술을 사 주었다네.
다시 돌아온 시인의 집에서 또다시 술을 마시며
이런저런 담소를 나누었다네.
하룻밤에 그대를 어찌 다 알 수 있겠느냐는 시인의 말에
서운함 끝내 감추지 못했지.

이상한 끌림으로 하룻밤 함께 보낸
아직은 낯선 사내여!
인생이란 그런 것이라네.
아무리 외로운 길이 인생길이라 하지만
견딜 수 없는 순간이 찾아오더라도
고독과 방랑은 홀로 견디는 것.

그대, 부디 건강하길
그대, 부디 꿋꿋하게 인생길 걸어가길
그대, 부디 행복 찾아가길

설익은 밥

한 살이라도 많으면
형, 누나라 부르던 어떤 자가
새해 첫날 고향에 다녀온 후
연기도 피우지 않은 채
미친 듯 밥을 하는데
밥마다 김조차 나질 않고
윤기마저 흐르지 않았다.

처음에 사람들은
그가 밥을 한다는 사실에
깜짝깜짝 놀라고 신기한 듯 바라보았다.
그러나 얼마 지나지 않아 모두 알았다.
그가 하는 밥이
설익은 밥이라는 사실을

해대는 밥마다 익어갈
시간적 여유가 필요한데
너무 조급했던 것일까
과속의 손길로 귀한 것을 놓쳤다.

그가 실수를 깨달은 어느 순간부터
그의 부엌에는 서서히 연기가 나기 시작했고
밥에도 윤기가 보이길 시작했다.

역사가 담긴 태백산 산행 길

두문동 지나 금대봉 갈림길 지나서
분주령 삼거리에 이르는 길가에는
개별꽃, 노루삼, 얼레지, 홀아비바람꽃
야생화들이 바람에 흔들리며 손짓을 한다.

한강의 발원지 태백산 검룡소에 다다르니
웅장한 자연의 힘이 신비롭다.
물줄기 따라 얼마나 많은 생명이
명멸하며 역사의 이야기를 담고 있던가?

역사가 담긴 강원특별자치도 태백산 산행길에
함께 했던 사람들 모습 그리움으로 다가서고
부글부글 끓어오르는 순두부 맛은
방송 탄 어느 요리 프로보다 맛깔나고 신선하다.

우수雨水에 우수憂愁에 젖어

한 편의 소설 응모로 지난 삶
들추어 우수憂愁에 빠지고
그 수렁에서 벗어나지 못하며
자신을 응시한다.

까마득하게 멀어져 간
지난밤에 또다시 잠 못 들고
에러가 난 영상 테이프처럼
인생이라는 한 편의 영화에서
아프고 쓰라렸던 하나의 장면만
루프처럼 계속 돌아간다.

생각의 병에 젖는다.
TV 영상 통해 들은
어떤 노래로 가슴을 움켜쥔다.
아득한 그 영원한 슬픔
또다시 반복된다.

봄의 시작 알리는 우수雨水
우수雨水란 단어조차
또다시 우수憂愁에 젖게 한다.

사랑과 죽음
그리고 이별의 슬픔에
목울음 삼키며 눈물 쏟는 밤

잡초

고랑을 일구어 비닐을 씌웠건만
바람에 몇 차례 비닐이 벗겨진 틈을 비집고
명아주 씨앗이 틔어나
감자밭을 온통 뒤덮고 있다.

무겁다.
바라볼 때마다
시작할 때에는 공들여 잘 가꾸리라
다짐해 놓고
제대로 돌보지 않았다.
겨우 나온 감자알이 부실하다.

잡초가 무성하다.
공들여 잘하리라 다짐하더라도
걸어온 인생길처럼
잡초만 무성하게 보일 뿐이다.

감자밭을 바라보니
애쓴 흔적 하나 보이질 않고
바람만 무성하다.

지워간다

지워간다
작은 동네 앞마당 뒷마당 벌판까지
한바탕 내려 쌓인 눈 치워가듯

지워간다
시간이 만들어 낸 희뿌연 먼지들을
구석구석 털어내듯

지운다는 것은
잊는다는 것이 아니다.
지운다는 것은 지나간 기록의
아름다움과 더러움을 바라보며
그 의미를 깨달아 간다는 것이다.
지운다는 것은 새롭게 다가올 것을 위해
공간을 비워간다는 것이다.

지우기 위해
지금도 나는 무엇인가를 쓴다.

캠핑 이야기

우정 또한 사랑하는 마음이기에
하룻밤 캠핑으로
두 해 빠진 사십 년의 강을 건너
막막한 그리움을 해갈한다는 것은
너무도 짧았고
아쉬움만 가득한 일이었다.

삶의 이야기 안주 삼아
아끼던 술잔이 돌고
사진을 찍으며
우리들은 그 옛날 학창 시절처럼
모닥불을 피웠다.

냇가에는 적당한 물이 흐르고
오디가 땅에 떨어져 흥건했으며
수묵화처럼 칠봉이 앞에 있었다.
그날의 캠핑장 풍경과 캠핑 이야기는
일몰의 노을처럼 화려했고
잊지 못할 추억으로 서로의 가슴에 남았다.

판운 섶다리

네 개의 재물과 백 가지 덕을 지닌
백덕산이 앞쪽에 높다랗게 솟아있고
평창강이 말발굽처럼 휘감는
미다리 그곳에 섶다리 있었네.

보기도 좋아라. 아기자기한 모습
가을철 섶다리 문화축제 연 흔적과
피자 치킨도 드실 수 있다는 문구가
비스듬히 걸린 찢긴 현수막에 있었지.

섶나무 청솔가지로
Y자형 서까래, 일자형 상판 만들고
운치 있게 강돌, 나룻배 놓아
수위 낮고 물 얼면 이쪽에서 저쪽으로
사람들 무사히 건네주었지.

사방을 둘러보아도
물고기 자취 찾지 못하겠는데
무엇을 찾고 있을까
박힌 돌처럼 꼼짝하지 않는 청둥오리들
섶나무 행렬 위에 세월의 바람 흐른다.
여전히 섶 다방엔 불이 꺼져있다.

한계령을 듣노라면

웅장함과 수려함이
눈에 보이는 듯 그려지며
인생의 허탈함을 동시에 느끼게 하는
가수 양희은이 부른 한계령을 듣고 싶다.

한계령을 듣노라면
울지 말고 잊어야 하겠지만
결코 잊을 수 없는 상처와 아픔이
무겁고 커다란 암갈색 바위처럼
작은 몸에 한으로 맺혀
이슬방울을 절로 맺게 한다.

'이산 저산 눈물 구름 몰고 다니는 떠도는 바람처럼'
이곳저곳 옮겨 다니며 살 수밖에 없었던
유목하는 인간의 점철된 인생 이력은
멍울 같은 흔적을 상처로 남기고
디아스포라의 아픈 기억으로
차곡차곡 뇌리에 쌓인다.

1,004m 높이의 고개로
한계령 가요의 주제 장소인 오색령은

강원도의 이름난 고개 중 으뜸으로
양양 사람들의 전설이다.
흘러나오는 한계령에 삶의 애환이 있다.
이방인처럼 살아온 날들의 슬픔이 있다.

2부

빛과 그늘

1월은

숨 가쁘게 달려간다.
저만치 사라진다.

제야의 종소리 들으며
거듭난다는 의미를 생각하고
각오를 새롭게 하던 순간이
뒤돌아볼 새도 없이 사라진다.

새로움을 갈망하며
시작한다는 다짐을 마음에 각인하고
한계를 깨달아 가며 변화를 추구하던
나날들이 쉽게 잊힌다.

지금도 여전히 1월은
바람 불고 얼음 반짝이는 가운데
뚝뚝 나뭇가지 부러지는 모습 바라보며
마음 깊은 곳에 머문다는
인디언 말은 살아있다.

1월은 새로움의 달이고
1월은 각성의 달이다.
1월은 결심의 달이고
1월은 신발 끈 새로 매는 달이다.

겨울꽃 피어난다

반짝 얼음 어는 계절
잿빛으로 물든 거리는 침묵에 머물고
마음 깊은 곳에 머무는 달이
바람처럼 달린다.

고라니 울음 사이로
뚝뚝 나뭇가지 부러지는 소리
부스럭 들려오고
나르키소스 닮은 임의 모습 아른거린다.

겨울꽃 피어난다.

횡~ 횡~
바람이 발걸음 재촉하는 소리뿐
동안거 삼매경에 빠지듯
인내를 배우는 세월은
소리 없이 사라진다.

눈 속에 파묻혀 피어나는
노란 수선화 한 송이 같은
마음의 파랑波浪이
순간의 불꽃을 일으킨다.

겨울꽃 피어난다.

관능의 시대 1

트로트 열풍이 관능을 부른다.
시대가 흐를수록
세월이 유행을 부르고
유행이 시대를 부른다.

언론이 만들어 내는
쇼 프로그램은 다양해지고
말초신경을 자극하는
관능은 더욱더 예민해진다.

미국 라스베가스에서 수일 전
'All Together, All On'*의 주제로 열린
세계 최대 규모 가전 관련 전시회
과학기술의 최첨단을 걷고 있는 인류는
인공지능 기술로 미래의 도약을 예고하였다는데

전쟁의 화마로
세계는 미궁 속에 빠져들고
코로나19 팬데믹 현상과
인간성 상실 소식들은 잇따른다.

시 한 편 읽지 않는 감성은
고목처럼 메말라 가는데
별의 소멸을 부르는 블랙홀처럼
화려함과 관능은 속도를 더한다.

* 'All Together, All On': 매년 1월 미국 라스베가스에서 열리는 CES (consumer electronics show) 미국 가전협회 주최의 세계 최대 규모 가전 관련 전시회 주제로, 인류의 과제를 해결하기 위해 세계의 혁신적인 기술들이 한자리에 모인다는 의미를 담았다.

관능의 시대 2

덫을 놓은 까만 밤이
유혹의 손짓을 한다.
흐르는 음악에
부칠 수 없는 편지가 된
먼 그리움이 허공에서
그네처럼 춤을 춘다.

관능의 덫에 걸린 시대에
화려함은 폭우 속 역류처럼 넘쳐흐른다.
한때 가요계를 뒤흔들던
60대에 접어든 가수들이
골반 춤을 추며 노래를 부른다.
골든걸스라는 쇼 프로에서

아, 터지는 저 화려한
불꽃 영상과 포텐이여!
오늘 밤 따라 밤의 초대에 민감하다.
지금 이 순간 노래와 춤이 던지는
유혹의 덫에서 헤어 나오기란
꼭 쥐덫에 걸린 꼴이다.

깃발

한쪽은 비겁과 굴종의 삶이요
다른 쪽은 용기와 자주
진정한 자유를 향한 길입니다.
어느 방향을 향한 길을 선택 하겠습니까?

지금 우리는 선택의 갈림길에 있습니다.
평범한 일반인이 현실에서
선택할 수 있는 유일한 자유와 권리는
투표밖에 없습니다.

오늘 우리는 공복들을 선택합니다.
펄럭이는 깃발을 바라보며
우리는 올바른 선택을 해야만 합니다.
과거의 잘못도 오늘 선택으로
바로 잡을 수 있습니다.
오늘의 선택이 백 년의 미래를 결정하며
죽어서도 살 수 있는 길입니다.

그리하여 나는 자유와 번영
그리고 우리들의 올바른 길을 위해
선택했노라고 떳떳하게 말합시다.
부디 오늘 결과의 냉엄함을 잊지 맙시다.

낮과 밤

잠을 이루지 못하는 날들의 연속이다.

한때는 잠을 담보 잡힌 야간노동 탓으로
한때는 불면에 휩싸여서

생각의 혼잡 생활의 불안 불면의 고통
정상인의 삶이 아니다.

집안에 틀어 박혀 지내다가도
몽유병 환자처럼
밤거리를 하릴없이 배회한다.

내가 나를 잃어버린 망각의 시간들

생체 리듬에 맞게
낮은 낮답게 밤은 밤답게
일할 때 일하고 잠잘 때 자는 일
그 평범함이 참 난해하게 나를 배제한다.

일손 놓은 지 석 달
요즘 나는 히키코모리*

낮과 밤을 거꾸로 산다.
어김없이 해는 뜨고 밤은 오는데

* 히키코모리 : 정신적인 문제나 사회생활에 대한 스트레스 따위로 인하여 사회적인 교류나 활동을 거부한 채 집 안에만 있는 사람

다짐

행복을 향한 길에서
생각하는
흐려지는 것과
더욱 또렷해지는 것

흐려지는 것은
행복의 의미와 느낌
더욱 또렷해지는 것은
인내와 노력의 값진 깨달음

바람에 흔들리는
시간의 빛과 그늘에서
열정의 불꽃은 타들어 가는데
잘 산다는 것은 무엇일까?

그러나 행복을 위한 노력은
한 점 한 점 쌓아가야겠지.
변치 않는 마음으로
비바람 눈보라 휘몰아쳐도
정의로운 것에 대해서는
행동과 실천을 옳게 해야겠지.

몸부림친다.
내딛는 걸음에 힘을 준다.
끝내 변화를 이루리라 다짐한다.

달의 미소

저 달이 미소를 던진다.

새벽녘으로 건너가는 시간의 길목에서
동짓달 그믐달이 아르테미스 여신처럼
빙그레 미소를 보낸다.
북풍한설 불어대는 겨울 한가운데서
살아있음이 행복이라고 눈짓을 던진다.

설산을 향한 인생길에도
그림자처럼 희로애락은 따라오고
부대끼는 사람들 속에도
월하노인은 붉은 실을 엮는다고

네가 세상을 향해
사랑하는 마음을 품는 만큼
세상은 너에게
가슴을 열어줄 거라고

마음에 달려있다고
어떻게 가꾸느냐에 달렸다고
그러니 행복의 꿈과 소망으로

푸른 묘목부터 심으라고

말없이 건네는 달의 미소에
두 손 높이 들어 화답한다.

땡 윤 방송

백여 년도 훨씬 전 유학을 떠난
지식인들이 2.8 독립 선언을 했던 날
어느 공영방송국이 간밤에 진행한
어떤 대담으로 내전에 빠졌다.

방송 사상 가장 굴욕적인 언론의 민낯
해결할 난제는 태백산맥처럼 거대하다.
윤 똥의 윤 똥에 의한 윤 똥을 위한
한바탕 쇼였다는 의식 있는 자들의 저항이 거세다.
최근 낙하산 부대에 점령된 그곳은
최저 시청률 기록 경신 중이다.

땡 윤 방송으로 전락한
공영방송국은 군부 독재 시절의 데자뷔
마리 앙투아네트 닮고 싶은 도리도리
윤 똥 부인의 비리는 모락모락
제아무리 덮어도 감출 수 없는
지독한 분뇨 냄새 같다.

어느 선배 시인의
언론과 판사들만 제정신이라면

아무리 부패한 사회일지라도
결코 죽지 않는다는 말이 떠오른다.

지금 우리나라가 죽어가고 있나요?

밥

한 끼 밥을 위해
밥 공장에서
밤새도록
밥 만드는 일을 한다.

시를 짓듯 밥을 짓는 일은
아들딸 가족을 위한
원시적 창조의 손길인데
어느새 밥조차
먹는 주체도 모르고
만드는 상품이 되었을까

창작이 아닌 노동이 된
밥 공장에서
또 다른 밥을 얻기 위해
오늘 밤도 땀 흘리며
밥을 만든다.

듣기평가 문제

딱새와 곤줄박이의 모습이 다른지
지구인의 소리인지 외계인의 소리인지
'바이든'이라 하였는지 '날리면'이라 하였는지
별 관심은 없다. 그저 답답한 것은
첫 한글 수업을 배우는 영유아들처럼
아니, 목구멍에 생선 가시 걸린 것처럼
문제 풀기가 참 힘들다는 점

시골에서 나고 자란 탓인가?
청력이 좋지 못했던 탓인가?
다른 나라 언어에 관심 없던 성적은
늘 낯선 언어 시험에 신통치 못했다.
특히 듣기평가 문제에서

'벌거벗은 임금님' 동화에 나올 법한
시공간이 또 다른 이상 차원의 세계
딴 나라 대한민국 x뚱이라 회자되는 인물이
이웃 나라에 가서 한 말이
듣기평가 시험 문제처럼
여전히 귓가에 맴도는데
어느 번호를 골라야 정답일까?

불꽃

세월의 강가에 밀려든 삶의 잔해처럼
햇볕에 그을리고 달빛에 물든 이야기들
코카서스 산맥 카즈베기 산 신화처럼
검붉은 전설 되어 춤을 춘다.

떠오른다.
용트림 친다.
태고의 신비가 타오른다.
솟아올라라. 불꽃이여!

밀어 올려도 굴러떨어지는
바위 같은 짐을 안고
우리네 삶은 곡예를 거듭한다.
쉼표처럼 호흡을 조절하는 순간
지나온 인생길 가만히 돌아본다.

기억하자. 우리의 삶
기도하자. 우리의 꿈
노래하자. 우리의 우정
활활 타오르는 저 불꽃처럼

불타는 산

변화를 꿈꾸는 대지의 열망이
실제 화재로 일어난 것인가?
대형 산불로 이곳저곳이
불타고 있다는 소식을 듣는 순간

어찌하랴.
뭇 생명 화마에 휩싸여
소멸해 가는데
아무것도 할 수가 없다.

마음의 불안과 슬픔으로
그저 불길이 멈추기만을
간절히 바라고 기도하는 나는
비루한 한 그루 나무 같은 존재일 뿐

비라도 쏟으면 좋을 날씨는
계절의 갈피를 잡지 못하는 듯
우리네 모습처럼
오락가락 진눈깨비 쏟고 있다.

백두여! 분노하라

남은 남대로
북은 북대로
갈라진 분단의 조국
더욱더 갈라지고 쪼개져라.

광인들 온통 날뛰는 세상에서
분자, 원자, 핵, 전자
불릴 수 없는 이름으로까지
낱낱이 부수어지고 쪼개져
더 이상 흩어질 것이 없을 때까지

백두여! 분노하라
온통 검은 세상을 갈아엎기 위해
2,744m 높이를 뚫고
온 힘 다해 새롭게 솟아올라라
지하 세계에서 세상으로

갈라진 아픔을
한으로 안고 사는 사람아!
그날 우리 붉은 한 토해내자
한 치의 망설임도 없이 솟아나는
저 붉디붉은 마그마처럼

존재의 그늘

자신의 지혜로
만물은 생존이라는
투쟁의 여정을 걸으며
삶의 궤적을 그린다.

시련을 단련으로
풍성한 꽃 피워 낸
존재의 그늘에
이야기 그득하다.

풀, 나무, 새, 강아지
온갖 생명을 강하게 만들고
뿌리를 내리게 한 것은
풍요보다 결핍 아니었을까?

사람의 손 타지 않은
약초가 효험을 더하고
험난한 바위틈에서 자란
풀 나무의 자태가 더 돋보인다.

백마의 기수

무너진다. 허물어진다.

거대한 음모의 둑이 무너지고 있다.
용트림 치는 소리가 들린다.
어둠의 세계 어디선가
벽이 무너지는 소리가 들린다.
가이아의 부름에 웅크리고 있던
푸른 용이 반응하는 소리인가?

새해 첫날에는
이웃한 나라에서 대지진이
그 이튿날 백주에는
어느 정치인을 향한 백색 테러가
다음날에는 N모라는 회사에서
큐브확률주작사건*이 벌어졌다.

어젯밤 꿈이 생생하다
'백마의 기수'라는 말이
가슴에서 떠나질 않는다.
한 세기도 훨씬 전
독일 어느 지방을 배경으로 한 소설

고장을 지키려는 생시의 소명 의식에
죽어서도 백마를 탄 유령이 되었다는
신기루 같은 그 이야기

* 큐브확률주작사건 : 개인이 메이플 스토리의 큐브 시스템이 주작 냄새가 나서 국선변호사를 통해 소송을 걸었고, 이에 대해 넥슨은 김&장을 통해 받아쳤고, 소송에서 패소함.

섀클턴을 생각하다

대한민국호를 생각한다.
우리는 지금 어느 부빙에 갇혀 있는가?
답답함과 불안이 세상을 온통 휘젓고 있을 때
우리는 무엇을 해야 하는가?
희망이어야 할까 절망이어야 할까

대한민국호를 생각한다.
우리는 어느 지점에 머물러 있을까?
내일을 찾아가는 길을 상실하고
어찌해야 할지 모른 채 허우적댈 때
우리는 무엇을 해야 하는가?

인듀어런스호를 생각한다.
내 마음의 영웅
섀클턴*은 무엇을 생각했을까?
인내였을까 분노였을까
생존이었을까 탐험의 성공이었을까

기후변화가 극심하고
남과 북의 분단이 모자라
점점 더 갈가리 찢어진 세상에서

함께 살아남는 길을 제시할
리더가 한없이 그립다.

이기와 욕망의 화신들이 날뛰는
세상에서 마음 한 자락 위로해 줄
그 어느 것도 없는 세상에서
끝내 살아남는 길로 인도할
섀클턴 같은 리더가

---

* 섀클턴 : 영국의 탐험가. 1914년 3월에 영국 남극횡단 탐험대를 이끌고 최초의 남극대륙 횡단을 시도했으나 유빙 때문에 1년이 넘게 표류하고 배가 파선되었다. 그러나 대원들을 구출하여 극적으로 귀환하였고. 영국의 기사위와 로열 빅토리아 훈장을 받았다.

침묵

좋은 것인가 나쁜 것인가?
분간 못 할 침묵이 끝없이 이어진다.
너는 너대로 나는 나대로
겨울 나라 엘사의 세계가 펼쳐진다.

아무 일도 벌어지지 않을 것이다.
침묵하는 세계는 끝없는 동면冬眠의 세계
해빙기가 올 때까지 움직이면 죽는다.
움직이지 마라.
'무궁화꽃이 피었습니다.' 놀이인가?
최종 승리자는 움직이지 않는 자이다.

침묵하는 세계는
행동하지 않는 세계
그것은 차디찬 것일 뿐
생명의 맥박이 존재하지 않는다.

침묵한다는 것은
세상의 문을
모두 닫아거는 것!

탁류

코로나 창궐해도
해, 달, 별 그대로고
꽃들은 피었다가
계절 따라 사라진다.
생생한 그 모습 보며
살아있음 느낀다.

언제나 변함없는
하늘과 땅
우리네 지구환경
여전히 지키는데
위기의 생태 시계는
경계경보 알린다.

탁류 된 인간 욕망
코로나 불렀어도
인간사 시끌벅적
해결책은 오리무중
인간아!
그 못된 욕망
계속될까 두렵다.

화마 1 - 불타는 대한민국호

타오른다.
검은 연기 가득 피우며
거대한 불덩어리가 솟아오른다.

막새바람 거세게 부는데
'집이 곧 국가'라는 어떤 자가 지른 불이
거대한 화마 되어 대한민국호를 불태운다.

갈팡질팡하는 세상에서
어찌해야 할 것인가?
그대, 깨어 있는 자여!

들끓는다.
희뿌연 생각과 행동들이
잡동사니 되어 세상을 가득 채운다.

편한 잠 못 이루고
어지러운 화마에 짓밟힌 사람들
갈 길 잃은 채 허둥대며 요란하다.

요설이 판치는 세상에서
어디로 갈 것인가?
그대, 걸어가는 자여!

화마 2 - 불타버린 국가 문화재

지난봄 3월 22일
성묘객 실화로 추정되는
대형 산불이 일어나
의성에 있는
천년 고찰 고운사가
화마를 피하지 못했다.

고운사와
고운사에 있는 가운루, 우화루는
최치원 선생을 기리던 곳
최치원 문학관도 화마를 피하지 못했다.
최치원 문화제는 이제 어디서
거행할 수 있을까

국가 문화재 유산의 상실은
민족의 얼을 잃는다는 것!
후손의 미흡한 정성이 부끄러워
빈 절터만 바라보며
가만히 눈을 감는다.

히포크라테스의 초승달*

마취에서 깨어나는 호흡처럼
흐릿했던 전조등은 밝아지고
관성처럼 불빛 춤을 추는 고가도로 위
미처 눈썹문신 못한 초승달이
지긋한 눈빛으로 신호를 보낸다.

불꽃처럼 살겠다는 열정 있다면
키오스의 히포크라테스*처럼
세상을 하나의 거대한 원으로 보고
그 혼돈을 잠재울 면적을
구해 보려는 시도라도 해보라고

세상은 바람의 깃발에 뒤흔들리고
눈송이에 나뭇가지 뚝뚝 부러지듯
세상에 대한 기대는 허물어지는데
고층 빌딩 위로 흐르는 초승달은
호롱불 같은 옛 추억을 부른다.

민간 무인 달 탐사선 페레그린은
발사된 후 임무실패로 즉사했다는데

항아 전설을 간직한 섣달 초승달은
야릇한 미소로 다가선다.

* 히포크라테스의 초승달 : 그리스의 기하학자인 히포크라테스는 원의 면적을 구하려고 시도하던 중 활꼴, 즉 초승달 모양의 도형 면적을 구할 수 있었다고 한다.
* 키오스의 히포크라테스 : 초승달 구적법을 증명한 수학자. 의사 히포크라테스는 '코스의 히포크라테스'로 수학자 히포크라테스는 '키오스의 히포크라테스'로 구분한다.

한반도

제야의 종소리를 듣는 순간
전파를 통해 전해지는
우리 사는 세상의 색은
한쪽은 불이 켜진 상태의 황금색
또 다른 한쪽은 불이 꺼진 상태의 검은색
그것이 우리 사는 현재의 모습이다.

수많은 색이 존재하지만
심리적, 정신적, 환경적인 영향으로
그날의 심리에 따라 색도 달라 보인다는데
바라보던 마음이 불안했던 것일까?
빨강, 파랑으로 혼탁한 현실 때문이었을까
남과 북의 색깔은 너무도 선명하게 갈린다.

그 이미지를 지금도 잊지 못한다.
아니 그 대비는 더 오래 기억되리라.
밤, 암흑, 죽음을 상징하는 색과 하나 되어
평화와 희망을 상징하는 색으로
언제나 남과 북이 하나의 색으로 보일까

그네 타기

올라탈 때부터 알고 있다.
앞으로 가면
뒤로 가야 한다는 것을
그것이 반복된다는 것을
어쩔 수 없다.

앞으로 가면서
그저 앞으로 날아가
수평선 끝에 닿고 싶다.
그러나 어쩌랴.
이제는 뒤로 가야 할 차례인 것을

속에서 가벼움이 꿈틀댄다.
하늘 높이 날아오를 수 있을까
참기 힘들다.
앞으로 갈수록 뒤로 가는 것이

3부

길
과
변화

고마움이 있어야 할 자리

5월은 법정기념일로
어린이날 어버이날 스승의 날이 있어
가정의 달이라 하고,
6월은 현충일이 있어
순국선열인 조상들의 삶을
되돌아보도록 만든다.

참으로 고마움을 느낀다.

고마움은
인간의 마음 깊은 곳에서 찾아낸
정겹고 심오한 마음을 담아낸 말이다.

고마움은 사람들 개개인이
신으로 생각하거나 신적으로 생각하는
대상을 향한 경외를 뜻하는 말이다.

고대어 '고마'를 어근으로 하여
'신과 같이 거룩하고 존귀하다',
'신을 대하듯 존경하다'는 뜻으로 사용된
'고마오다'에서 '고맙다'가 나왔다고 한다.

한민족은 신이나 자연을 포함해
상대방에게 호의, 선대, 은혜를 받았을 때
상대방에게 존중받는다는 마음에서 나오는
좋고, 벅차고, 흐뭇하고, 즐거운 감정과
신을 대하듯 우러르고, 받들고 싶은 마음을
고마움이라는 토박이말로 언어화했다.

세상사는 동안 나는
고맙다는 말을 얼마나 했을까
또한 얼마나 들었을까
나는 왜 그 쉬운 말에 인색했을까
이제는 진정 고마움의 부자가 되고 싶다.

그물 이야기

제석천에게 인드라망이 있듯
사람 사이에 보이지 않는
인연이란 그물이 있다.
어떤 인연은 행복한 인연이고
또 어떤 인연은 슬픔의 인연이다.

하늘 별자리를 바라보라.
우리 육안에는 보이지 않는 별자리
무한한 창조를 이야기하는
그물자리 레티쿨룸은 적도 이남
남반구에서 사람들의 눈에 띈다.

음모와 매력 덩어리 레티쿨룸은
패턴과 연결의 이야기 들려준다.
천체의 경이감은 신비 그 자체다.
나선 은하인 NGC 1559 별*은
인간에게 잘도 통찰력을 던진다.

잘 살펴보라.
그물처럼 펼쳐져 있는
관계라는 것, 인연이라는 것

인드라망에 걸리지 않는 것 없듯
함께 살아가는 우리들 운명 또한 그렇다.

* NGC 1559 별 : 약 5,000만 광년 너머에는 눈에 잘 띄지 않는 NGC 1559 라는 작은 은하가 있다. 허블의 광범위 필드 카메라 3으로 찍은 사진에서 드물게 관찰되는 남반구의 그물자리(the Reticule)의 빗장 나선 은하를 볼 수 있다.

나무가 들려주는 이야기

삼월이 저물 무렵이면
개구리 하나둘 깨어나
밤 노래를 부른다.

사월이 깊을 무렵이면
제비 하나둘 찾아와
처마 밑 둥지 손질한다.

오월이 익을 무렵이면
들마다 딸기 알 빨갛게
달콤한 냄새 퍼진다.

유월이 빛날 무렵이면
소나기 한줄기에
무지개 드리운다.

칠월이 노래할 무렵이면
밤하늘에 별 잔치 짙어
초롱초롱 별꽃이 핀다.

한 달 두 달 손으로 꼽으며
나무가 들려주는 이야기
한가득 듣는다.

말

자나 깨나 말은 조심해야 한다.

상대편 제대로 알지 못하고
함부로 판단하고 말해서는
결코 하지 않느니 못하다.

느낀다.
활활 타오르는 장작불에
깜빡 스치기라도 한다면
치유할 수 없는 고통이
뒤따를 수 있다는 것을

사이에서 벌어지는 일은
바다를 건너는 일처럼
험할 수도 있다.
자신의 입 밖으로 뱉은 말은
반드시 책임져야 한다.

말은 칼보다 위험할 수 있다.
그러니 늘 입조심을 해야 한다.
침묵하는 편이 나을 때가 참 많다.

말과 글의 집

말과 글의 집에서 춤을 춘다.
어떤 말과 글은 유혹이고
어떤 말과 글은 들숨 날숨이며
어떤 말과 글은 생각함이다.
그리하여 말과 글은 주춧돌로 자리매김하고
흙과 벽돌이 되어
말과 글의 집을 짓는다.

말과 글의 집에서 살아간다.
때로는 고독하게도
때로는 깨달음의 즐거움으로
때로는 소용돌이의 혼란을 겪으며
말과 글로 이루어진 삶의 희로애락을 체험한다.
주고받는 말과 글 속에 인연이 생겨나고
삼라만상森羅萬象의 아픔도 생겨난다.
말과 글은 한권의 책으로 완성된다.

말과 글의 집에 거미줄이 처지면
그는 피안으로 건너간 사람이 된다.
말과 글은 또 하나의 생명
밥 한 숟가락 먹듯 말을 하고
물 한 모금 마시듯 글을 쓴다.

말에 대하여 1

날름거리는 뱀이
끝내 뱉지 못한 말이
입가에 맴도는 시간
화두를 잡거나 명상하는 수행자처럼
입을 떠나 소천한 말을
지긋이 되새김질한다.

언어도단이나 촌철활인을
생각하는 것은 아니다.
다만 순간순간 뱉어낸 말이
과녁을 명중한 화살처럼
머릿속을 휘젓던 순간의 생각을
짚어냈는가 하는 것에 대한 돌아봄일 뿐

가늠조차 힘든 일이 수시로 일어나고
탁류가 휘몰아치는 지구촌 세상에서
부딪히며 소통하며 살아간다는 것은
바위산을 오르는 것처럼
작두를 타는 무당이 된 것처럼
위태롭기 그지없다.

말에 대하여 2

잘못 쓰인 말도
배운 사람들이 자꾸 쓰면
못 배운 사람도 따라 쓰게 되어
나중에 여럿이 쓰게 되면
바로 잡기가 어려워진다.

쉬운 겨레 말 두고
중국의 한자 말, 일본 왜 말이
널리 쓰이는 게 좋은 보기다.

숨이란 말두고 호흡이라 하고
날씨란 말보다 기상, 기후라 쓰고
손님보다 고객을 즐겨 쓴다.

싸다는 쉬운 말도
저렴하다 같은 말에 눌려 숨죽인다.
부엌이 주방에 밀리고,
고맙다가 감사하다를 못 이긴다.

끝내 얼토당토하지 않는 말이
영어인지 한자어인지 알 수 없는
멘붕 같은 말에
나도 얼이 빠진다.

바람의 말

쌩 쌩 귓가를 스치는
바람이 말을 건넨다.

댑바람 불어 눈발 날리고
소복소복 탐스럽게 쌓인
눈 내린 풍경
모든 현상은 질서와 인과의 결과물이지
바람 한 점에 온갖 신비가
간직되어 있다고

뒤따라오는 봄바람을 믿어보라고
푸르디푸른 희망의 깃발을 세우고
날 선 가능성을 바라보라고
지금 서 있는 곳이 마지막 땅이듯
첨탑처럼 꼿꼿이 서서
모든 힘을 다하여 깊고 넓게
뿌리를 단단히 뻗어보라고

사방이 다 묻이고
모든 곳이 길이라고 토닥이는
바람의 말을 새기며
두 손 내밀어 손바닥 위에
내리는 눈을 받는다.

문자 폭탄

문자 폭탄을 맞았다.

서서히 시작된다.
느닷없이 날아오는 문자 폭탄이
그 옛날 비 사격 훈련*처럼 시작된다.
오늘도 십여 년 전 머물던 그곳
알지도 못하는 사람으로부터
xx당 누구누구라며 문자가 날아들었다.

때가 되면 날아들기 시작한다.
가까이 아는 사람으로부터
부탁받은 지인으로부터
일면식도 전혀 없는 사람으로부터
관심이 있는지 없는지 확인도 하지 않은 채
꼭 연평도에 포탄 떨어지듯 떨어진다.

그런데 왜 그래서 뭐 어쩌라고
마음속으로 뇌까리지만 별 다른 대책이 없다.
어떤 낌새도 없이 마구 날아오는
문자 폭탄은 속수무책 맞을 수밖에 없다.

어느 날 비 쏟아지듯 날아들
문자 폭탄은 실상 별 효과가 없다.

세상에는 포지셔닝 효과란 것이 있다.
정보 홍수시대에 진정 승리할 자는
그렇게 괴롭히지 않는다.
대책 없는 문자 폭탄이 아니라
차원 높은 홍보 전략을 구사한다.

* 비 사격 훈련 : 필자가 1987~1989년도 육군 제2군단 제2포병여단 100포병대대(155mm 곡사포부대) 대대 작전지휘병으로 군복무 시절 매일 밤 2시간씩 지하 벙커 실에서 실시하던 실제가 아닌 가상의 사격제원 산출 훈련.

배달 겨레말 슬기

2014해였던가?
우리 시대의 석학 이어령 선생이
KBS방송국 아침마당 프로그램에
출연하신 적이 있다.

그날의 화두가 생명인데
생명을 살려서 사는 것을
우리 겨레는 살림살이라고 했다면서
경제, 경영을 '살림살이'라는
좋은 겨레말로 살려 쓰면 좋겠다고 말했다.

우리 겨레가 가지고 있던
많은 말들이 전체를 아우르는 폭 넓은 뜻이었는데
한쪽으로 치우치는 행위만을 표현한
한자어와 외래어에 밀려나 안타깝다고 했다.

'나들이', '빼닫이' 같은 말은
완성된 모양의 말들로
동적 움직임의 끝이 안정된
평상시의 모습을 표현한다는 것이다.

배달겨레의 슬기가 엿보인다.
이런 낱말 사례들을 모아 되살려 쓰면
참 좋겠다는 생각이다.

배달말

배달말은
한민족어韓民族語를
우리 스스로 이르는 말로
상고 시대부터 우리 민족이 써온
배달겨레 말이라는 뜻이다.

배달은 밝은 산을 뜻하는
상고 시대의 고유어에서
남겨진 말로
한자의 음을 빌려
배달倍達로 적기도 하고
한자의 훈을 빌려
백악白岳 혹은 백산白山으로
적기도 하였다.

우리나라 사람이 사용하는
우리 고유의 말을 복원하여
사용하자는
우리말 살리기 운동은

오래전부터 뜻있는 사람들이
이어 온 운동이다.

무분별한 외래어의 범람 속에서
잊혀가는 우리말이 그립다.

배달말 익히는 휴지에 적힌 글

티격 ~ 서로 뜻이 맞지 아니하여 사이가 벌어져 이러니 저리니 따지는 일
희짓다 ~ 남의 일을 방해하다
솔개그늘 ~ 작은 솔개가 햇빛을 가려 지는 작은 그늘
매시근하다 ~ 기운이 없고 나른하다
드림셈 ~ 값을 몇 차례 나눠 내기로 하는 셈 + 분액, 할부
휘뚜루마뚜루 ~ 이것저것 가리지 아니하고 닥치는 대로 마구 해치우는 모양
민낯 ~ 화장을 하지 않은 본디 그대로의 얼굴
한올지다 ~ 한 가닥의 실처럼 매우 가깝고 잘 지낸다.
치살리다 ~ 지나치게 칭찬하여 주다
가심 ~ 깨끗하지 않은 것을 물 따위로 씻는 일
마디다 ~ 쉽게 닳거나 없어지지 아니하다
한갓지다 ~ 아늑하고 조용하다
배달말의 고갱이는 토박이말 말이 올라야 나라가 오른다.
앙당하다 ~ 모양이 어울리지 않게 작다
벌인춤 ~ 이미 손을 댄 일을 하다가 그만 둘 수 없음
따따부따 ~ 딱딱한 말투로 따지고 다투는 소리 또는 그 모양
고수련 ~ 앓는 이를 돌보고 시중을 드는 일
섞사귀다 ~ 지위와 환경이 서로 다른 사람들끼리 서로 사귀다
이울다 ~ 꽃이나 잎이 시들다 점점 쇠약하여지다.

허깨비걸음 ~ 정신없이 허둥지둥 걷는 걸음을 빗대어 이르는 말
활개 ~ 사람이 활짝 펼쳐 움직이거나 벌린 두 팔과 두 다리
고명딸 ~ 아들 많은 집의 외딸
메지다 ~ 차지다와 맞서는 말로 끈기가 적다
터울거리다 ~ 어떤 일을 이루려고 애를 몹시 쓰다
던적스럽다 ~ 하는 짓이 치사하고 더러운 데가 있다
여낙낙하다 ~ 됨됨이가 곱고 부드러우며 상냥하다

빗방울의 속삭임

빗방울이
세상 가장 작은 노래를
들려준다.

투명한 속삭임이
창문을 소리 없이 두드린다.
잊힌 이야기처럼
조용히 땅에 떨어져
스며드는 작은 떨림이여

하나씩 흩어지며
비밀을 속삭이는 듯
잿빛 하늘은
그저 시치미를 떼고 있다.

빗방울 사이로
비추는 희미한 무지개는
세상은 우리가 잊고 지나쳐온
한바탕 꿈과 소망이라고
속삭인다.

살아가며 배운다

살아가며 배운다.
모든 것은 지나간다는 것을
그러나 지나간 모든 것은 그립다는 것을
그리고 또한 배운다.
문은 하나만 있는 것이 아니다.
그러니 두드려라. 그러면 열릴 것이다.

살아가며 배운다.
손가락으로 하늘을 덮을 수는 없으며
끝내 양심을 속일 수는 없다는 것을
옳을 때는 옳다고
틀릴 때는 틀리다고
정직하게 말할 줄 알아야 한다는 것을

결국 깨닫는다.
사랑은 사랑하는 사람의 선택에 달린 일
다른 사람으로 하여금
나를 사랑하게 만들 수는 없다는 사실과
내가 할 수 있는 일은 오로지
사랑받을 만한 사람이 되는 것뿐임을

소리

엥~엥~
소리가 흐르고 있다.
코드 선을 타고 밀려오는 파도 소리처럼
냉장고 소리 쉼 없이 흐른다.

쾅~엥~엥~
소리가 들린다.
창문 넘어 보일러 작동 소리가
추운 겨울 황소바람처럼 들려온다.

왕~왕~
소용돌이처럼 정돈되지 않는
무의식이 맥박을 타고 들끓는다.
전깃줄 같은 혈관을 흘러
내 안에서 함성처럼 끓는다.

카톡~카톡~
시도 때도 없이 들리는
손말틀(스마트 폰) 소리에
깜짝깜짝 놀라며
또다시 소리에 갇힌다.

숲

생명은 신호를 보내고
세상은 그 생명에 화답한다.

종다리, 산비둘기, 뻐꾸기, 지빠귀
낮은 분주하고 밤은 포근하다.

창문 넘어 줄지어 선 가로등
먼 하늘의 별처럼
희미하게 빛을 품어내는
자정이 훌쩍 넘은 밤

개굴개굴 소쩍소쩍 삐요
잠들지 못한 생명들의 울음이
나뭇가지 틈을 비집고
숲에서 들려온다.

온갖 생명이 모여 있고
생명의 신호가 밤낮없이 들려오는
숲은 거대한 세계다.

숲속

이 숲에는 비둘기 살고
저 숲에는 딱따구리 산다.

삐앗삐앗 빼빼 노래하는
작은 새 살고
삐이이이 휘이이이 노래하는
조그만 새 산다.

새들은 나무에
둥지를 틀고
새들은 또 풀숲에
보금자리를 엮어
어떤 새는
철 맞춰 따뜻한 바람 안고
흙집 처마에 깃들지만
어떤 새는
봄, 여름, 가을, 겨울
숲속에 깃든다.

숲은 새들 삶터
숲은 풀과 나무 삶터

사람들 함부로 구멍 뚫거나
사람들 섣불리 긁어내어도 될
개발할 곳 아니다.

진눈깨비

진눈깨비 바람에 휘날린다.
부유물처럼 바람 따라 빙빙 돈다.
흐린 날 미세먼지 나부끼듯 한다.
"야! 지금 눈 내리는 것 맞지."
운전하는 조카에게 물어도 대답은
"아! 몰라. 내리나 보지."라 시큰둥하다.

눈도 요즘 것과 옛날 것은 다른지
옛날 내리던 눈은 함박눈에
운치 있고 정감 있게 내려
'눈이 내리네'란 샹송 듣기 참 좋았는데
요즘 내리는 눈은 잿빛으로
눈인지 비인지 경계가 불분명하다.

눈 오리군단을 만난 적 있다.
신기했다.
만들어본 적 없는 눈의 변모다.
환상적이다.
요즘 아이들은 눈사람만 만들던
어린 날의 나의 동심과 다른가 보다

백설기 같은 하얀 눈으로
무엇인가를 만든다는 것은
한바탕 이루지 못할 꿈을 이루는 일이다.
눈이 햇볕에 녹아내리듯
처마 끝 고드름이 녹아떨어지듯
순간이 지나면 무덤덤한 마음만 남는다.

나이가 든다는 것은
무덤덤해지는 일이고 익숙해지는 일이다.

찾아가는 길

자기 혁명이라는 길을
찾아가고 싶다.
많은 세월 가슴안에서
소용돌이처럼 맴돌던 것
개혁 혁신 혁명이라는 단어가
또다시 빙빙 맴돌고 있다.

자신을 바라만 볼 뿐
아직도 잘 모른다.
자기를 찾아가는 길
무엇을 어떻게 해야 하나
진정한 개혁 혁신 혁명은 무엇이고
어떻게 가능한 것인가?

예수 붓다로부터
그 길을 찾아야 하는가?
기축옥사의 정여립 선생으로부터
구한말 외눈으로 만주벌판 향해 떠난
신규식 선생으로부터
아니면 크리슈나무르티로부터
그 찾는 법을 배워야 하는가?

자기 혁명의 길을 찾아가는 것이
제아무리 힘들다 하더라도
끝내 찾아가고 싶다.

기필코 찾아가리라.

튜닝

돌려라 돌리자
라디오의 주파수를 맞춰 보자
서두르지 말고 살살 돌려보자
잡음에 휩싸이던 소리도 어느 순간
청량한 소리 들을 수 있다.

그렇다.
변화는 더 이상 불안한 것이 아니다.
행군하는 장병들의 발걸음처럼
라디오의 주파수를 돌려
맑고 고운 음성 듣는 것처럼

관점을 바꿔 보자
생각을 바꿔 보자
패러다임을 바꿔 보자
파괴적이지 않은
변화를 이루어 보자

순서를 뒤바꿔 보자
블루오션을 열어 보자
바실리 칸딘스키*가 보여준 그림처럼
애벌레가 나비가 되는 것처럼

* 바실리 칸딘스키 : 처음으로 순수 추상 작품을 제작한 20세기 러시아의 화가

안내 글 바라보며

펼침 막, 길잡이 글 등
길가에 걸려 있는
이렇게 저렇게 쓰여 있는
안내 글 바라보며
저 말은 이렇게 썼으면
참 좋을 것인데 하는 생각이 든다.

마을 입구에 걸려 있는
'마을입구서행'은
'마을 앞 천천히'
또는 '마을 어귀 천천히' 라고

지하철
오르고 내리는 길에 있는
'우측보행'은 '오른쪽 걷기'로
'좌측통행'은 '왼쪽 다님'으로

'칠순잔치', '팔순잔치'는
'일흔 잔치', '여든 잔치'로
'봉사', '봉사활동'은
'섬김(모심)', '섬김(모심)일'로

할 말과 못 할 말

할 말과 못 할 말이
가려지는 잣대는 무엇일까?
그것은 사람을 어우르는 사랑이다.
그것에 맞으면 할 말이고,
어긋나면 못 할 말이다.

사람을 어우르는 사랑이란 무엇인가?
사람이 동아리를 이루어 살아가는 곳에서는
언제 어디서나 얽히고설켜서 겨루고 다투고 싸운다.
그런 겨룸과 다툼과 싸움에는
사랑과 미움이 얽히고설키게 된다.

그러면서
서로 사랑하며 마음이 맞으면 모여서 어우러지고,
서로 미워하며 마음이 어긋나면 갈라서고 흩어진다.
이럴 때 사람의 한마디 말이
멀쩡하던 사이를 갈라놓기도 하고,
갈라진 사이를 다시 어우르기도 한다.

사람 사이를 갈라놓는 말이 못 할 말이고,
사람 사이를 어우르는 말이 할 말이다.

말에서 할 말과 못 할 말을
가리는 일보다 종요로운 것은 없다.
거짓말이거나 그른 말일지라도
사람을 어우러지게 하고 사랑을 북돋우고자 하면
할 말이 된다.
참말이거나 옳은 말일지라도
사람 사이를 갈라놓고 사랑을 짓밟으면
못할 말이 된다.

4부

꿈 꾼다는 것

그리움 너머

어쩔 수 없다.
노스탤지어에 젖어 드는 마음
지척에 고향집 두고
길 잃은 사슴처럼 향수에 젖는다.

시간을 거꾸로 돌려
아무 걱정 모르던 어린 시절로
돌아갈 수 있다면
정녕 순백한 꼬마가 되리라

땅따먹기, 구슬치기, 팽이치기
온통 재미로 시간을 잊어버린 채
뛰어놀던 시절로 돌아갈 수 있다면
그리움 너머 그때로 돌아갈 수 있다면

모든 것 잊고 집중하리라
이럴까 저럴까, 헤아리지 않으리라
덧셈 뺄셈 계산하지 않으리라
나만이라는 덫에 빠지지 않으리라

하늘을 더 많이 바라보고
땅 위에서 더 많이 뒹굴며
자연이 베푸는 변주에
더 많이 탐닉하면서

나물

나물 한 줌 숲 짐승 먹고
나물 두 줌 애벌레 먹고
나물 석 줌 들 사람 먹는다.

봄부터 부지런히 잎 뜯으면
민들레도 씀바귀도
부추도 고들빼기도
돌나물도 유채도
미나리도 소리쟁이도
한결 푸르며 싱그러운 잎
가을까지 곱게 베푼다.

봄부터 마당 한쪽
푸른 잎 돋는 나물을 바라보며
한 움큼 훑는다.

겨울을 제외한 사시사철
나물과 더불어 한세상을 살아간다.
꽃다지 꽃마리 괭이밥도
갈퀴덩굴 환상 덩굴 질경이도
날마다 신나게 뜯고 싶다.

노을

해 질 녘 노을 지는 모습은
언제 보아도 아름답다.

노을이란 해 질 때만
생기는 줄 알았는데
알고 보니 해 뜰 때도 생긴다.

아침 하늘이
햇살로 벌겋게 보이는 현상을
아침노을이라 하고
석양을 받은
먼 바다의 수평선에서 번득거리는
울긋불긋한 노을을
내가 제일 좋아하는
까치놀이라 한다.

고운 색깔로 붉은 물 든
꽃노을이란 말도 참 아름답다.

누굴까

누굴까
저 소리의 주인공 참 궁금하다.
깍깍 깍 울음 우는
저 소리 주인공은 누굴까
우는지 외치는지
잠꼬대 같은 소리 하나

동면 든 개구리가
꿈속에서 울었는가?
건너편 숲속 어디선가
생명의 소리가 들린다.
도대체 존재를 알린
그 정체는 누굴까

소리의 정체를 알 수가 없다.
개구리, 까막까치, 고라니
그들일까?
정체 따라 소리는 분명 다르다.
소리 따라
이미지도 다양하다.

나 여기 있다고
짝을 찾는 저 소리

매화 꿈

밤사이 달빛 따라
그림을 그렸는지
한 폭의 동양화가
지난밤에 피어났다.
소담한 매화 모습
그 어디에 비출까?

바람에 흔들렸나?
언 자리 치울까나
떨어진 매화꽃이
분홍색 홑청처럼
새롭게 피어날
풀꽃 자리 준비 바쁘다

냉이야 돋아나라
멈추는 바람 따라
나비야 잠을 깨라
훨~훨~
날아다닐 준비 서두르자
찬란한 희망의 봄이
매화 순을 찾는다.

미네르바 올빼미

날아오른다.
새벽이 오기 직전
가장 어두운 시간이 흐른다.
지금이다.
미네르바 올빼미가 날아올라야 할 시간
때를 놓치지 말자.

사건은 폭풍처럼 발생했고
우리는 섬광처럼 깨달았다.
젊음의 서툶이 징검다리 건너 완숙으로
모습을 바꾼 채 새롭게 나타난다.
황혼이 되어야 날개를 펴는 올빼미가
비상할 준비를 끝낸다.
미네르바 우물에 샘이 솟는다.
두레박을 끌어 올리자.

과녁을 맞혀야 할 순간
지금이 그때다. 룰렛처럼
수레바퀴 다시 돌아간다.

아름다운 세상 만들고 싶다면
하데스의 세계 다녀올 각오로
케르베로스* 결코 두려워 말자.

* 케르베로스 : 그리스 신화에 하데스의 감옥을 지킨다는 머리가 셋인 상상 속의
  동물

밀알 하나고 싶다

밀알 하나고 싶다

하나의 밀알이 떨어져
인류 역사와 문명의 시초가 되었다.

누들로드*라는
밀이 국수가 되어
인류의 식탁에 오른 과정
그 뒤에 감춰진
문명 교류의 여정을
풀어주는 방송 프로그램을 본 적 있다.
깨우침, 인류문명, 과학, 정치
동영상이 홍수처럼 넘친다.
만인에게 먹거리가 되는
밀알 하나고 싶다.
진정한 사랑은 밀알이 되는 것이기에
끊임없는 노력과 도전을 통해
작은 밀알이
큰 뜻을 이룬 것처럼
아름다움을 꽃 피우고 싶다.

* 누들로드 : KBS에서 제작하여 방영한 국수에 관한 6부작 다큐멘터리

순간

모든 것은 순간 속에 있다.
우리는 모두 언젠가 세상에서
사라질 먼지와 같은 존재들이다.
모든 인연과 관계도 물 흐르듯 지나간다.
행복을 찾으려면 순간에 초점을 두고
순간의 소중함을 깨달아야 한다.

아무리 참을 수 없는 분노와 열정도
순간 속에서 발생하고 사라진다.
사람의 품격은 순간의 행위에 달려있다.
순간을 어떻게 보내는가에 따라
어떤 자는 훌륭한 자로
또 어떤 자는 부끄러운 자로 남는다.

순간의 아름다움을 찾아라.
작을수록 아름답고 비울수록 아름답다.
어떤 시인은
이 세상을 소풍 다녀간다고 표현했다.
그렇듯이 가벼워야 한다.
순간에 자유로워야 한다.
욕심을 내려놓고 순간의 행복을 구하자.

새해 아침 해맞이 행사

꿈 소망 가득 안고 청룡이 비상한다.
불꽃의 열정들을 가슴에 품어본다.
모든 것 개척해 가는 참된 삶을 살리라

새해 아침 마음을 다듬는다.
힘차고 건강하게 알차고 옹골지게
새해에 다짐해 보는 결심들은 힘차다.

간절한 마음만은 새벽바람 사초롱
마음도 신선하고 모든 일 감사하다
힘차다 새해 아침엔 모든 것을 꿈꾼다.

산 정상 올라서서 환하게 미소 지으며
올 한 해 건강 행복 새롭게 빌어본다.
두 손에 간절히 담아 그 마음을 감춘다.

동쪽에 떠오르는 햇빛을 안아 들고
소군산 정령에게 올리는 해맞이여
새해 아침에 감사절로 부른다

소군산 해맞이는 우리 고향 전통이네
어느덧 스무 성상 돌탑을 쌓아왔네
그 풍습 아름다워라 오래오래 전하자

스프레차투라

샌님 소리 들으며 그랬다.
남들 밭 김 다 맬 때
옷이란 옷에 흙 다 묻히며
겨우 한두 고랑 매었다.

공부도 그랬다.
빼어나게 공부 잘하는 사람은
공부하는 모습 크게 보지 못하는데
늘 책상에 붙어 앉아있는 사람의 성적
그렇게 빼어나지는 못했다.

늘 부러웠다.
무심한 듯 세심하게
유유자적하면서 능수능란하게
무엇인가 척척 해내는 사람들
그들은 별세계 사람들 같았다.
목수, 포크레인 기사, 공방 사람들

스프레차투라* 그들은
맥가이버처럼 만능인이었을까
아니면 외계인이었을까?

* 스프레차투라 (sprezzatura) : 이탈리아 말로 '경멸하다, 무시하다'는 뜻이 있는데, 르네상스를 거치며 '어려운 일을 쉬운 것처럼 해내는 능력, 세련되고 우아하게 다루는 능력'의 뜻으로 진화했다.

아침 새소리

싱그러운 햇살 안고
숲에서 들려오는 아침 새소리
생명의 약동을 알리며
하루를 밝힌다.

게으름 떨지 말고 일어나
힘찬 하루를 맞이하라고
격려하듯 들리는 아침 새소리에
숲속 세상이 낙원으로 비췬다.

그래!
밝은 웃음 한 아름 간직하고
힘차게 일어나 걸어가 보자
비록 세상살이 고단하고 험난하더라도

숲속 아침 새소리가
어머니 목소리처럼
아름답기 그지없다.

신인류의 노래 1

노마드 길 걷는 신인류는 노래한다.

걸어가는 길 외로우면 외로운 대로
깊은 상처로 패인 디아스포라의 길
그리우면 그리운 대로
그 누구보다 자유롭게 노래하자고

듣는 사람 하나 없어도
풀, 나무, 돌은 곁에 있다.
그러니 외롭지 말자고
대지는 넓고 창공은 드높다.

말 걸어오는 사람 하나 없어도
손말틀(스마트 폰) 손에 있고, 인공지능 발달한다.
그러니 새로운 길 열어 보자고
사이버 영토는 넓고 황무지는 끝이 없다.

변화, 혁신, 혁명에 대한 꿈
그것으로부터 시작하자고
절박함, 의지, 책임감
그것을 도구 삼아 길을 내보자고

신인류는 자유롭게 꿈꾸며 제 노래를 부른다.

신인류의 노래 2

신인류의 사랑은
세상의 모든 곳에 자유자재하게
마음껏 사랑하는 사람들 모습이다.

맘에 드는 그녀에게서
전화가 오는 이유가 뭘까요
그녀가 원하는 것을
내가 갖고 있기 때문이다.

반대로 내가 전화하는
그녀가 나를 피하는 이유는
그녀가 원하는 것을
내가 갖고 있지 않기 때문이다.

남자와 여자 사이에서
나와 닮은 사람에게 끌리기도 하지만
인간이란 참으로 미묘한 존재라서
때때로 다른 사람에게도 끌리기도 한다.

남을 우러러보는
동경을 철저히 배제해야 한다.

한쪽으로 치우치지 말고
다양한 경험을 쌓고
세상과 타인을 이해하는
깊은 감수성을 길러야 한다.

한마디로
매력적인 사람이 되는 것이
최선이다.

여름 짓다

'농사 짓다'란 뜻의 배달말인
'여름 짓다'란 말을 알게 된 것은
3년 전으로 거슬러 올라간다.

설흔여섯 나이로
다섯 남매의 막내인 나를 낳으신
어머니가 아흔셋의 나이로
세상을 떠나셨다.

그때 장지는
스무 해 먼저 세상을 떠나신
아버지 묘 옆으로 하였다.

배달말 운동을 하는
막내 자형인 최한실 선생*의
주장으로 묘지에
아버지와 어머니의
나고 죽음의 해를 적으며
'여름 짓다'란 배달말을
적어 놓았다.

그때까지 나는
'여름 짓다'란 말이
'농사 짓다'란 배달말인 것조차
까마득히 몰랐다.

* 최한실 선생 : 잊혀져가는 우리말을 살려내고 어려운 한자말을 쉬운 우리말
로 다듬는 일을 하는 필자의 막내 자형

움과 싹

푸나무의 목숨이
처음 나타날 적에는
씨앗에서건
뿌리에서건
줄기에서건
눈에서 비롯된다.

씨앗이나 뿌리나 줄기의 눈에서
새로운 목숨이 나타나는 첫걸음을
움이라 한다.

움은 껍질이나 땅을 밀고 나오면서
미처 햇빛을 받지 못해 빛깔이 하얗고
모습도 제대로 갖추지 못한 것이다.

하얀 움이 터져 나와 자라면
햇빛을 받아 빛깔이 푸르게 바뀌고
모습을 갖추면서 싹이 된다.

움이 자라서 싹으로 바뀌는 것이다.
움이 나오는 것을 '트다'라 하고,

싹이 나오는 것을
'나다' 또는 '돋다'라 말한다.

움과 싹은 무엇일까
도대체 어디에서 트고 돋아날까
사람과의 관계를 생각해 보는 밤에

웅크린다

웅크린다.
겨울을 견디는
나목裸木과 같이
몇 번의 잠을 거친 누에가
실을 뽑아내는 자세로

웅크린다.
웅크린다는 것은
개구리가 도약하기 위해
온갖 힘을 모으고
용기를 찾아간다는 것
웅크린다는 것은
아직 살아있다는 것
고난을 통과하는 과정에 있다는 것
꿈을 향해 준비한다는 것

웅크린다.
내일은 반드시
비단의 고치솜을 지을 것이라는
희망과 꿈을 향해

인간의 굴레

올린다. 올라간다.
그칠 줄 모르는 욕망이
점점 그 무게를 더한다.
높이를 모르는 꼭대기를 향하여
시시포스의 짐과 바위가
자꾸자꾸 올라간다.

굴린다. 굴러간다.
산다는 것은 구르는 일
변화 없는 일상이
시시포스의 돌이 되어
도돌이표처럼 굴러 내린다.
끝없는 심연 속으로 가라앉는다.

어느 순간 서서히 놓는다.
내려놓는다. 무거운 어깨에서
그친다. 멈춘다. 발걸음을
새로운 문을 찾는다.
탈출구를 향하여 쉼표를 찾는다.
내려간다. 자신으로부터

돌아간다. 자기에게로

제비 꿈

방송을 통해
제비가 깃들어 사는
남도 어느 지역을 바라본다.

흙으로 집을 짓고
사이사이 짚을 섞으며
침으로 이겨
아늑하고 튼튼한
보금자리를 만들어 사는 제비

아련히 떠오르는
처마 위를 날아다니던
제비에 관한 기억 하나
떠오른다.

제비 날아들어 사는 집은
풍성해진다는 옛 어른들의
말이 생각난다.

따스한 꽃과 봄날
시원한 바람과 여름날

어여쁜 열매와 가을날
마음껏 누리고
어버이 제비, 아이 제비
나란히 너른 바다 건너
강남으로 새 삶터 향해
미련 없이 떠나갔었지.

한바탕 꿈같았던 제비 이야기

탐정의 시간

탐정의 시간은
밤 깊은 곳으로 흘러간다.

5주 전 이 밤에는
새해의 첫걸음에 들떠있었고
현재 새벽 3시는 탐정이 되어
몇 가지 사안 해결을 위해
나만의 좁은 골목을 헤맨다.

해결해야 할 과제는 글이다.
실마리는 표현의 방법이다.
탐정처럼 해결해야 한다.
압축과 비유가 필요하다.

삶의 흐름 속에서만
표현은 의미를 갖는다고
비트겐스타인은 말했지만
지금은 역설적이게도 비합리성이
되어버리는 합리성에 대한 표현인
호르크하이머와 아도르노가 함께 만든
「계몽의 변증법」을 다시 묵상해 보아야 할 것 같다.

탐정이 해결해 가는 묘법처럼
도구를 사용할
또 다른 궁리가 필요하다.

화촉樺燭

자작자작 붉은 마음 보여라.
자작자작 화촉樺燭*을 밝혀라.
껍질에 티끌 있거든 그마저도
감추지 마라.

바람 많은 세상에서
촛농처럼 붉은 눈물 되어
흘러내리는 너의 상처
숨기지 마라.

비바람 눈보라에
한 겹 두 겹 껍질 벗고
흔들리는 자작나무처럼
너의 흔들리는 모습 보여라.

한 겹 두 겹 장판지 마냥
촛불 밝히는 자작나무처럼
아이야 너의 마음도
주변을 붉게 비춰라.

때 묻지 않은
너의 아름다움만큼은
어떤 풍랑에도 꺾이지 말고
밝혀라.

아이야!
수많은 세월 흐르더라도
너의 마음 원석이기에
빛난다는 것 기억하렴.

* 화촉樺燭 : 자작나무의 껍질로 만든 초

좋은 생각

환경이 훌륭해야
사회적 동물인 사람의 생각이
좋아지게 되는 것은
당연한 이치다.

좋은 생각을 많이 할수록
말과 글도 점차 좋아지게 되고
결과도 좋아진다는 것은
너무도 분명한 일이다.

사람이 아프면
아픈 만큼의 무게에 따라서
생각도 많아지게 되고
좋은 생각은 뒤로 밀려나게 된다.

아프지 않고
건강하게 살아야 하겠지만
이 세상에 어떤 인간이
아프고 싶어 아프겠는가?

훈련이 필요하다.
좋은 생각을 하는

희망 한 줌 있다면

희망 한 줌 있다면
돌부리에 부딪히더라도
가시덤불에 할퀴더라도
가지 못할 길 없더라.

희망 한 줌 있다면
칠흑처럼 어두운 밤이라도
저 멀리 하늘에 별은 빛나고
새로운 꿈은 피어나더라.

희망 한 줌 있다면
스멀스멀 솟아나는 두려움 속에도
심장을 짓누르는 갈등 속에도
똑바른 정신 부여잡을 수 있더라.

희망 한 줌 있다면
성난 파도처럼 밀려오는 고난을 이겨내며
파릇파릇 생명의 활력소는 찾아지고
내일 향해 갈 수 있더라.

해설

(해설)

근원적 존재의 불안에 말 걸기

이무권 (시인, 한국기독시인협회장)

    시는 태생적으로 자기 독백의 언술을 기본으로 한다. 자기 몸으로 익힌 자신만의 술어를 만들어 가는 과정이 존재자의 실존적 삶의 실체라 한다면, 그 삶에는 늘 결핍과 과잉이 뒤따르고 그러한 결핍과 과잉이 불러오는 감각적 자극에 따라 자연스럽게 분출하는 소리가 원초적 언어라고 할 것이다. 시는 그 감각적 원형의 언어를 탐색하고 추구하는 말놀이의 한 양식인 셈이다. 따라서 그 발화는 필연적으로 대상 없는 질문이요 항변이자, 권태와 고뇌와 절망과 불안의 한숨이나 탄식으로 표출될 수밖에 없을 것이다.
    시인 스스로 '가난한 자의 노래'로 위치 설정을 할 만큼, 부모의 사랑 속에서 유복했던 어린 날에 대한 회고와 향수, 현실에서 직면한 좌절과 아픔, 아직도 꿈을 외면할 수 없는 소망과 다짐의 노래, 그 『바람의 말』이 전하는 박주혁 시인의 독백을 따라가 보기로 한다.

◆ 향수, 그 근원적 상실과 결여의 진원

박주혁 시인을 안 지는 꽤 오래된 것 같다. 그러나 그의 사생활에 대해서는 잘 알지 못한다. 다만 그와의 대화 속에서 자연스럽게 유출되는 삶의 조각들이나, 그의 작품을 통하여 약간의 사정을 짐작할 뿐이다. 한 번도 확인한 적 없는 막연한 정보에 따르면, 시인은 5남매의 막내로 태어나 부모의 사랑을 원 없이 받으며 유복한 유·소년기를 보낸 것 같다. 그와는 달리 성인이 되어 사회생활을 하는 과정에서는 뜻대로 일이 진행되지 않았던 것으로 보인다. 그 현실의 좌절과 방황, 상실과 결여에 대비되는 지난날의 향수와 회귀의 갈망이 시인의 사유, 그 인식의 틀을 지배하고 있는 듯하다. '뿌리를 상실하고 온갖 곳을 떠돌'다가, '신평리 너머 새뭇줄로 향하는 고갯길', 그 유년의 고향을 찾아 '추억 속 유년은 오래오래/ 질긴 목숨으로 부지할 것이'라고 스스로 단정하기도 한다.

지난날 돌아보면 잿빛 하늘같다.
운명이 원망스러워 하늘만 쳐다본다.
꼬이고 꼬일 대로 험로만 걸었는데
더 이상 걸어갈 힘조차 느끼지 못한다.

- 「겨울의 끝에서」의 부분

불어오는 바람 탓에 자꾸만 휘청거리고 넘어졌다.
태풍이 지나간 후 정신을 차리면 낯선 곳이었다.

나를 흔들었던 것은
밖에서 불어오는 바람이 아니라
내 마음 안에 부는 바람이었다는 것을

- 「내 마음 안에 부는 바람」의 부분

  숙명과 자유는 생각하는 사람 안에서 만나는, 둘이면서 하나인 난해한 사유와 해석의 이질적 표상이다. 운명이라고 좌절하는 순간이 오기도 하지만, 그 운명이라는 것이 내 자유의 또 다른 얼굴이라는 자각이 올 때도 있다. 앞으로 걸어갈 힘이 소진되었을 때, 걸어온 길이 평탄하지 못했음을 탓하기보다 내 걸음걸이의 관습에 그 원인을 찾는 일도 생각의 몫이다. 이 지점에서 시인의 발걸음은 근원적인 결핍과 상실의 시·공간을 찾는다.

어쩔 수 없다.
노스탤지어에 젖어드는 마음을
지척에 고향집 두고
길 잃은 사슴처럼 향수에 젖는다.

시간을 거꾸로 돌려

아무 걱정 모르던 어린 시절로
　　돌아갈 수 있다면
　　정녕 순백한 꼬마가 되리라

　　땅따먹기, 구슬치기, 팽이치기
　　온통 재미로 시간을 잊어버린 채
　　뛰어놀던 시절로 돌아갈 수 있다면
　　그리움 너머 그때로 돌아갈 수 있다면

　　모든 것 잊고 집중하리라
　　이럴까 저럴까, 헤아리지 않으리라
　　덧셈 뺄셈 계산하지 않으리라
　　나만이라는 덫에 빠지지 않으리라

　　하늘을 더 많이 바라보고
　　땅 위에서 더 많이 뒹굴며
　　자연이 베푸는 변주에
　　더 많이 탐닉하면서.

　　　　　-「그리움 너머」전문

　'아무 걱정 모르던 어린 시절로 돌아갈 수 있다면 정녕 순백한 꼬마가 되'어 시간의 흐름을 정지시키고 싶을 만큼 시인을 힘들게 하는 상실과 결여의 현재하는 실체는 무엇일까?, 태어나고 자란 고장에 살면서 실향민의 정서를 노래하는 시인의 노스탤지어는 단순한 향수가 아닌 근원적인 상실과 결여를 향한 인간의 원초적 갈망이다. 일찍이 한 저명한 선배 시인이 침묵의 함성으로 깃발을 흔든 후 노스탤지어는 원초적 상실의 파지把持되지 않는 실재로서 그 외래어의 이질감만큼이나 떠도는 자의 내면을 매료해 왔다. 말로서 표현할 수 없는 실재가 있고, 오직 말로서만 표현할 수 있는 인간의 실재가 있다. 그 어느 쪽도 실재를 직면하기 어려운, 어쩌면 신기루인 그 실재를 찾아가는 과정이 인간의 실존적 삶의 본래적 조건일지도 모른다. 목적지 없는 도상 가운데 있는 인간이라는 존재, 태어날 때부터 완전한 사람은 없다. 그 불완전한 인간의 결핍이나 상실이 시인으로 하여금 시를 쓰게 하는 동인이 아닐까 싶다.

◈ 회한, 바람 그리고 다짐

뜻글자인 한자어에 사람을 人이라고만 하지 않고 人間이라고 왜 사이 間자 한 자를 더하였을까? 아마도 존재자의 존재 조건이 타자의 존재를 전제하지 않고는 불가능하기 때문이 아니었을까 하는 생각을 해본다. 한 몸도 아니고, 그렇다고 가시권을 벗어난 존재자도 아닌 너와 나를 경계 짓는 틈, 그 공간에서 작동하는 관계의 작동 원리, 그게 사람살이의 가능 조건이지 않을까? 한때 일본에서 사회문제로 부상했던

젊은이들의 히키고모리(引籠り), 타자와의 사이라는 교섭의 장을 삭제한, 그 자폐의 공간에서 신음처럼 내뱉는 시인의 자조가 살면서 누구나 한두 번쯤은 겪어보았을 상흔을 들추듯 참으로 애잔하다.

잠을 이루지 못하는 날들의 연속이다.

한때는 잠을 담보 잡힌 야간노동 탓으로
한때는 불면에 휩싸여서

생각의 혼잡 생활의 불안 불면의 고통
정상인의 삶이 아니다.

집안에 틀어 박혀 지내다가도
몽유병 환자처럼
밤거리를 하릴없이 배회한다.

내가 나를 잃어버린 망각의 시간들

생체 리듬에 맞게
낮은 낮답게 밤은 밤답게
일할 때 일하고 잠잘 때 자는 일
그 평범함이 참 난해하게 나를 배제한다.

일손 놓은 지 석 달

요즘 나는 히키코모리
낮과 밤을 거꾸로 산다.
어김없이 해는 뜨고 밤은 오는데.

- 「낮과 밤」 전문

뛰어난 붙임성과 낙천적인 시인의 성향이 상승작용을 한 측면이 없지 않겠지만, 이 절망의 늪에서의 구원은 역시 그의 시작詩作에 대한 열정이라고 믿는다. '인간을 변화시키고자 하는 시 본래의 의도로부터 시를 떼어놓는다면, 시는 하나의 무기력한 문학 형태로 전락하는 위험에 처하게 될 것이다'라던 옥타비오 파스의 말에 따르면, 시는 사람을 변화시키는 힘이 있다. 시는 독자들을 변화시킬 수 있는 역능役能도 있지만, 시를 쓰는 시인에게도 참된 실재 앞에 자신을 투영하는 시작 과정에서 스스로의 변신을 가능케 하는 강력한 동인이 되기도 한다. 시인의 시편 여기저기에서 나타나는 그 변화의 결을 따라가 보기로 하자.

웅크린다는 것은
아직 살아있다는 것
고난을 통과하는 과정에 있다는 것
꿈을 향해 준비한다는 것

- 「웅크린다」 부분

네가 세상을 향해
사랑하는 마음을 품는 만큼
세상도 그 넓고 따뜻한 가슴을 열어
너를 품어줄 거라고.

- 「달의 미소」 부분

희망 한줌 있다면
칠흑처럼 어두운 밤이라도
저 멀리 하늘에 별은 빛나고
새로운 꿈은 피어나더라.

- 「희망 한 줌 있다면」 부분

    추락하는 동안은 반등이 어렵다. 바닥에 닿았을 때만 박차고 일어날 반동의 힘이 작동하는 법이다. 그 바닥을 시인은 살아 있음의 자각으로 인지하며, 세계로부터의 소외를 극복하고 세계와의 화해를 모색한다. '바람 한 줄기 지나갈 때/ 꽃이 핀다'는 새삼스러운 깨달음의 장을 지나면서 희망을 노래한다. 그 희망은 자폐의 공간이 아니라 세계를 향한 믿음이다. 시는 시인 스스로 가장 내면적인 느낌과 생각에 말을 거는 일이면서, 그 사적인 내밀함이 타자성과 외면성을 얼마나 수용할 수 있을지를 가늠하는 길 위의 질문이기도 하다.

쌩 쌩 귓가를 스치는
바람이 말을 건넨다.

댑바람 불어 눈발 날리고
소복소복 탐스럽게 쌓인
눈 내린 풍경
모든 현상은 질서와 인과의 결과물이지
바람 한 점에 온갖 신비가
간직되어 있다고

뒤따라오는 봄바람을 믿어보라고
푸르디푸른 희망의 깃발을 세우고
날 선 가능성을 바라보라고
지금 서 있는 곳이 마지막 땅이듯
첨탑처럼 꼿꼿이 서서
모든 힘을 다하여 깊고 넓게
뿌리를 단단히 뻗어보라고

사방이 다 묻이고
모든 곳이 길이라고 도닥이는
바람의 말을 새기며
두 손 내밀어 손바닥 위에
내리는 눈을 받는다.

- 「바람의 말」 전문

이 땅에서 삶을 지속한다는 것은 우리가 발 딛고 있는 지금 여기의 현실을 수용한다는 전제하에서만 가능한 일이다. 문은 늘 열려 있고 가는 곳이 다 길이라는 시인의 인식이 비단 바람이 전해주는 말 때문일까만, 그의 시편 여기저기에 산재한 아픔과 좌절의 정서를 극복했다는 의미에서는 시인의 장래 시작 활동을 기대해 보아도 좋지 않을까 싶다. 관상의 영역에서 보이는 눈 내리는 아름다운 풍경과 현존의 손바닥에 쌓이는 그 차가운 감각의 괴리를 처절하게 인식한 이 지점에서 그가 장차 걸어가는, 걸어가야만 할 길은 아무도 대행할 길 없는 오직 시인 자신의 몫이기 때문에 섣부른 예단은 삼가야 할 듯싶다.

◆ 현실의 늪에 발 담그기

어떤 대상 앞에 씌우는 무거운 접두어나 관사의 과장과 허세를 체질적으로 싫어하는 편이라서 순수니, 참여니, 민중이니 심지어 무의미까지 들먹이며 어떤 지향적 명제를 문학 앞에 덧붙이는 행태들을 보면 눈을 돌리거나 책장을 덮는 편이다. 시는 시인의 기교나 경험으로만 환원되지 않는 순수한 발현으로서, 쓰인 대로 읽히는 것이 아니라 읽는 이와의 감응 속에서 또 다른 형태로 발현되는 한 사건이라서 늘 시인을 배반하기 쉬운 까닭에 그 머리에 씌워진 관은 사후적 평가의 영토에서의 왕관일 뿐 창작의 자유분방한 생래적 체질에는 쉽게 어울리는 치장이 아니라는 생각에서다.

  시인은 시인이 살아가는 세계 안의 존재이다. 달리 말하면 현존의 조건을 떠나 천상을 유랑하는 자가 아니라는 뜻이다. 현실의 장은 누가 무어라 해도 사람과 겯고틀며 부대끼는 현장의 삶이다. 그 사람들의 삶을 노래하는 시가 현실을 배제할 수 없다면 그 지향은 현실을 비관하고, 비판하며, 질책하거나, 더 큰 존재자를 향한 부르짖음이 될 수밖에 없을 것이다.

  시대를 상심하고 시속을 안타까워하지 않는 것은 시가 아니다. 찬미하고 풍자하며 권면하고 징계하는 뜻이 없다면 시가 아니다. 不傷時憤俗非詩也 非有美刺勸懲之義非詩也

    - 다산 「연아에게 부침寄淵兒」에서

  다산 선생이 아들에게 시를 가르치면서 이른 말씀이다. 시편 안에 사람의 냄새를 느낄 수 없다면, 어쩌면 그건 이 땅의 노래가 아닌 또 다른 세상의 주술이지 않을까 하는 극단적인 경향까지도 배척하기 쉽지 않은 숙제이기도 하다. 이 지점에서 시인은 작금 우리 땅에 일어나고 있는 일들에도 그 직설적인 분노와 항변의 목소리를 내기도 한다. 지난 몇 해 이 땅의 현실은 역사의 교훈적 역능을 의심하지 않을 수 없을 만큼 온 국민을 혼돈의 국면으로 몰아간다. 비극적 역사의 사실史實은 반복만 할 뿐 반성할 줄은 모르는 것 같다.

딱새와 곤줄박이의 모습이 다른지
지구인의 소리인지 외계인의 소리인지
'바이든'이라 하였는지 '날리면'이라 하였는지

-「듣기평가 문제」부분

막새바람 거세게 부는데
'짐이 곧 국가'라는 어떤 자가 지른 불이
거대한 화마 되어 대한민국호를 불태운다.

-「화마 1-불타는 대한민국호」부분

남은 남대로
북은 북대로
갈라진 분단의 세상에서
남은 남대로 북은 북대로
더욱더 갈라지고 쪼개져라.

-「백두여! 분노하라」부분

언론이 만들어 내는
쇼 프로그램은 다양해지고
말초신경을 자극하는
관능은 더욱더 예민해진다.

　　　　　-「관능의 시대 1」부분

이 숲에는 비둘기 살고
저 숲에는 딱따구리 산다.

사람들 함부로 구멍 뚫거나
사람들 섣불리 긁어내어도 될
개발할 곳 아니다.

　　　　　-「숲속」부분

　계엄과 탄핵이라는 이 땅의 비극적 현실에 직면한 시인의 행동양식을 가장 확실하게 보여주는 국면이 시인의 촛불집회 참여라고 할 수 있을 것이다. 매주 토요일 원주 시내에서 개최하던 탄핵 촛불집회에 자주 참석하는 것으로 들었던 기억이 떠오른다. 지금도 사람들의 입에 회자되는, 이른바 '바이든 날리면' 사태를 비판하고, 계엄이라는 극단의 비정상적인 수단을 통하여 나라 전체를 위기의 상황으로 내몬 탄

핵 정국을 남부의 산불에 투영하여 나라 전체를 불태우는 사태로 규정하는가 하면, 마침내 비극적인 분단 조국의 남부끄러운 현상을 잊기라도 한 듯 21세기 대한민국에서 자행되고 있는 극단적인 배타적 분열의 정치 현장을 향하여 '남은 남대로 북은 북대로/ 더욱더 갈라지고 쪼개져라'고, 차라리 백두산 화산의 폭발을 재촉하는 반어적 조국 사랑을 에둘러 설파하는 데 이르면 뭉크의 명화 절규의 장면이 떠오르기도 한다.

  나아가 금융자본주의의 어두운 면이기도 한 성적인 것의 상품화를 전도하고 있는 미디어의 현실이나 생태계의 파괴를 촉발하는 무분별한 개발을 질타하기도 한다. 학계는 현생 인류의 역사를 이삼십만 년으로 보는 것 같다. 적어도 십만 년 이상 인간은 타자와의 차별 가운데 그 우위를 점하는 쪽으로 자연선택을 해온 것으로 안다. 그 기준이 부의 유무나 다소라는 수치라는 괴물임은 분명하다. 한마디로 말하자면 우리 사회는 돈만 되면 무엇이든지 하는 가치 일변도의 극단으로 치닫고 있다는 말이다. 이러한 회색지대를 사는 가난한 시인이 침묵할 수 있을까? 시인의 격앙된 발화가 동감과 수긍으로 받아들여지는 접점이다. 그러나 시인은 거기에만 머물 수 없는 또 다른 소명에 봉사할 의무가 있다. 존재자를 만나기 위하여 통과하여야만 하는 존재의 집인 언어, 그 언어를 신봉하는 사제로서의 성스러운 직무를 수행하여야 하기 때문이다.

'여름 짓다'란 말이
'농사짓다'란 배달말인 것조차
까마득히 몰랐다.

-「여름 짓다」부분

　모든 도구가 그러하듯 언어라는 의사소통의 도구 역시 사람들이 쓰지 않으면 녹슬고, 폐기되어 잊히고 만다. '여름 짓다'와 같이 되새길수록 정감이 가는, 사전 속에 잠자는 우리말이 많다. 동살 잡힌 새벽길에서 맞는 햇귀의 다사로움을 즐기듯 잊혀가는 우리말을 만나는 즐거움 또한 예사롭지 않다. 한 세대 위에서는 흔히 쓰던 말이 자고 나면 생겨나는 국적 불명의 외래어에 밀려 사라지고 있는 현실의 자각은 참 종요로운 일이다. 이쯤에서 박주혁 시인이 우리말을 대하는 태도와 관심을 따라가 보자. '마을 입구 서행은/마을 앞 천천히' '우측보행은 오른쪽 걷기로/ 좌측통행은 왼쪽 다님으로' 하자는 제언이 한때의 치기스러운 주장이지는 않은 듯하다. 「배달말 익히는 휴지에 적힌 글」이라는 시편은 전체 26행 모두를 잊혀가는 우리말의 해설로 채우고 있다. 시의 문법이나 완성도를 외면할 정도로 절박한 감정의 표출이라 가따부따 말할 성질의 것이 아니라는 생각에 접어두기로 하고, 마지막으로 시 한 편을 찬찬히 음미해 본다.

2014해였던가?
우리 시대의 석학 이어령 선생이

*KBS*방송국 아침마당 프로그램에
출연하신 적이 있다.

그날의 화두가 생명인데
생명을 살려서 사는 것을
우리 겨레는 살림살이라고 했다면서
경제, 경영을 '살림살이'라는
좋은 겨레말로 살려 쓰면 좋겠다고 말했다.

우리 겨레가 가지고 있던
많은 말들이 전체를 아우르는 폭 넓은 뜻이었는데
한쪽으로 치우치는 행위만을 표현한
한자어와 외래어에 밀려나 안타깝다고 했다.

'나들이', '배달이' 같은 말은
완성된 모양의 말들로
동적 움직임의 끝이 안정된
평상시의 모습을 표현한다는 것이다.
배달겨레의 슬기가 엿보인다.

이런 낱말 사례들을 모아 되살려 쓰면
참 좋겠다는 생각이다.

-「겨레말 슬기」전문

◆ 정직과 직설의 미학

　시적 관례와 시적 문법의 내면화를 시적 능력이라 한다면, 박주혁 시인은 아직 원숙한 시인이라 할 수 없을 듯하다. 그러나 박 시인에게는 그 모두를 극복하고 포용할 수 있는 정직함이 있다. 무지나 치기를 호도하지도 않고, 현학과 과시를 숨기지도 않는다. 그리고 말해야 할 일이라면 누구의 눈치도 보지 않고 하고 싶은 말을 다 하는 직설의 우직함이 있다. 그 정직과 직설에 시인의 장래를 담보하기로 한다. 바로 그 지점이 공감하거나 무시하거나 되돌아오는 대중의 반응 유발 기제이자 변화와 성숙의 가능 조건이기 때문이다.

　흔히 서정시가 노래하는 것은 분석으로 환원되지 않는 소비적이고 낭비적인 열정과 경험들이라는 말들을 한다. 시의 해설이 분석의 측면에서 독자들의 이해를 돕는 일이라면 박주혁 시인의 시편들은 해설이 필요할 정도로 뒤틀고 뒤집는 시적 의사소통보다는 아무래도 소비적이고 낭비적인 열정과 경험적 측면의 직설적인 측면이 강한 편이다. 달리 말하면 해설이 오히려 시 이해를 방해할 만큼 쉽게 읽힌다는 말인데, 그렇다고 쉽게 써진 시라고 단언할 수는 없다.

　박주혁 시인이 네 번째 내놓는 이번 시집 『바람의 말』을 종주하는 정서를 한마디로 표현한다면 향수라는 말이 될 것 같다. 이는 고향을 그리는 마음이나 정서라는 사전적 의미를 넘어, 근원적인 상실에 따른 존재의 불안에서 비롯한 근원 회귀의 갈망을 함의한다는 뜻에서 더 궁극적인 감정이다. 노스탤지어 또는 향수, 그 어떠한 기표로 의미 규정을 하든 그 지향은 부재와 상실의 회복이다. 원죄로 인한 실낙원이든, 어머니로부터 분리되어 강제로 팔루스의 질서에 편입됨으로써 억압된 욕망이든 우리가 돌아가고 싶은 고향은 가시적인 땅의 공간이 아니라 더 근원적인 실재의 영역이다. 고향을 지척에 두고, 사실상 행정구역으로는 같은 고장인 고향 땅에 살면서 잃어버린 고향, 부재하는 고향을 노래하며 그 회귀를 갈망하는 시인의 정서가 인류 공통의 원초적 정서와 궤를 같이한다는 점에서 공감의 뜻을 전하면서 미진한 해설을 마치기로 한다. 시인의 건필과 발전을 기대한다.

바람의 말

2025년 10월 31일 초판 1쇄 인쇄 발행

지은이   박주혁
펴낸이   박종래
펴낸곳   도서출판 명성서림

등록번호   301-2014-013
주소   04625 서울시 중구 필동로 6 (2, 3층)
대표전화   02)2277-2800
팩스   02)2277-8945
이메일   msprint8944@naver.com

값 15,000원
ISBN 979-11-7439-052-3

> 이 도서는 강원특별자치도, 강원문화재단 후원으로 발간되었습니다.

본 책의 구성 및 맞춤법, 띄어쓰기는 작가의 의도에 따랐습니다.
이 책의 저작권은 저자와 도서출판 명성서림에 있습니다. 무단 전재 및 복제를 금합니다.
이 책 내용의 일부 또는 전부를 재사용하려면 반드시 저자와 도서출판 명성서림의 동의를 얻어야 합니다.
파본은 구입처에서 바꾸어 드립니다.